¡STOP A COMER POR ANSIEDAD!

Dedico este libro a todas las mujeres que «se comen» sus emociones, a las que desde hace mucho tiempo encadenan dietas y no terminan de encontrarse bien con su cuerpo. Sé muy bien hasta qué punto esto puede convertirse en sufrimiento. Espero que este libro os permita (re)encontrar la sonrisa y la alegría de vivir.

También le dedico este libro a mis hijos: llegando hasta el final de mis sueños, espero darles las ganas de hacer lo mismo.

Isabelle Veverka

¡STOP A COMER POR ANSIEDAD!

LIBSA

Prólogo

¿Quién no ha subido alguna vez a una báscula? ¿Quién no se ha mirado a un espejo? ¿Quién no ha dicho alguna vez que quizá tenía demasiado de esto y no lo suficiente de lo otro? Para responder a la pregunta subyacente en cuanto a alimentación y equilibrio, hay un montón de obras que pueden guiarnos en la pérdida de peso, si es lo que necesitamos, o en ganarlo, pero con calidad. Hay que reconocer que, ante la oferta disponible, resulta muy difícil elegir.

¿Quién no se ha enfrentado alguna vez al efecto yoyó cuando ha querido perder peso? ¿O a quién no le ha dicho una amiga o un amigo que después de haber adelgazado ha recuperado su peso inicial e incluso ha ganado un poco más? En definitiva, resulta sencillo disertar sobre la lógica que prevalece para perder kilos superfluos, sobre cómo quemar más calorías de las que se ingieren, pero hay que rendirse a la evidencia: es muy complicado, sobre todo porque se trata de perder peso, sí, y también de no recuperarlo más tarde, y mucho menos sobrepasar el peso inicial.

Lo cierto es que hay normas de sentido común para prestar mayor atención a lo que se come. Sin privarse de nada y disfrutando, ¡claro! Podemos lograr nuestros objetivos sin sentirnos culpables, incluso si nos lleva más tiempo del previsto; también tenemos que aceptar que, en la práctica, ¡no hay justicia alguna! Lo que funciona para una persona no tiene por qué funcionar para otra. La ratio dosis/efecto en la ingestión de ciertos alimentos varía mucho de un individuo a otro. ¿Es, por tanto, posible encontrar «recetas» (término apropiado en este contexto) para adelgazar sin perder de vista que no existen las «recetas milagro»? Lo que de verdad funciona es la adaptación de la estrategia para cada caso. ¿Y eso cómo se hace? ¿Cuáles son esas recetas? ¿Cuáles son los resortes de adaptación?

Para responder a estas preguntas, hay que partir de una visión de conjunto de diferentes aspectos con el fin de concebir los procesos que permitirán a cada persona alcanzar sus objetivos de pérdida de peso. Y es esto precisamente lo que propone la autora de esta obra, Isabelle Veverka.

Antes de lanzarse a la redacción y la concepción de las páginas que siguen, se sometió a un trabajo de introspección que le ha permitido conocerse mejor, así como a un análisis de las obras publicadas que pudieran parecer pertinentes en cuanto a variables que parecen ser determinantes. La autora ha identificado estos resortes sobre la base de su experiencia personal y también profesional.

Ha sabido destacar el papel predominante de la culpabilidad y la facilidad con la que la sentimos en cuanto nos permitimos un pequeño capricho en alguna ocasión especial, en una invitación a un evento, en una fiesta y en todas las ocasiones en las que nos olvidamos de nuestros buenos propósitos. También ha descrito muy bien lo que nos pasa por la cabeza cuando no alcanzamos nuestros objetivos y qué fácil resulta entonces desviarse de nuevo hacia la culpabilidad, e incluso hacia la resignación, a no ser que en esos momentos seamos capaces de ser benevolentes con nosotros mismos.

La originalidad del enfoque de Isabelle Veverka consiste precisamente en esta visión integral que ha sabido adoptar al cuestionar elementos que provienen de la fisiología y de la dietética, incluso de la microbiología, y también al obtener recursos de la psicología positiva, al valorar la importancia de las emociones, de la actividad física, o al interesarse en problemáticas vinculadas a la calidad del sueño. Con todo ello ha configurado una hermosa síntesis en esta obra que ofrece soluciones prácticas a quienes quieren equilibrar su alimentación, sea cual sea el motivo.

De esta manera, a lo largo del presente libro encontraremos una argumentación muy pertinente fundada en casos prácticos y testimonios que permitirán que cualquier persona se reconozca en ellos y pueda identificar lo que mejor le conviene para la gestión del estrés, por ejemplo, con opciones que la autora describe en términos de meditación, de música, de escritura o de ejercicio físico. Cada parte concluye con un resumen con soluciones prácticas y recomendaciones sencillas. Isabelle Veverka propone recetas y menús para invitar al lector a planificar sus comidas. Este aspecto práctico es, sin duda, una gran ayuda cuando se trata de pasar de la teoría a la práctica. La obra termina con una serie de testimonios que demuestran que, si algunas personas han logrado sus objetivos, ¡todo el mundo puede!

La redacción de un prólogo siempre es un ejercicio delicado. Hay que impregnarse de la lógica del autor en la redacción de su propia obra y, por supuesto, compartir su visión lo máximo posible. En mi caso, este ejercicio ha supuesto un absoluto placer, ya que no solo comparto con Isabelle Veverka la visión de la psicología positiva, sino también la de la actividad física y la de la problemática que trata en esta obra en su conjunto.

Además, ¿no es reconfortante comprobar que existen trabajos de investigación que pueden influir en la vida cotidiana de la gente a la que le interese y que pueden contribuir al bienestar de todo el mundo? Normalmente se pide a los investigadores que muestren lo que han encontrado. Isabelle Veverka ha sabido inspirarse precisamente en ciertos resultados explicando de una manera sencilla sus implicaciones prácticas. En todo caso, no puede estar más que satisfecha por haber saciado su deseo de escritura. Le agradezco que me haya pedido que escribiera este prólogo y os deseo a todos una excelente lectura.

Profesor Charles Martin-Krumm

Colegio de Psicólogos de París

*Presidente electo de la Asociación Francesa
y Francófona de Psicología Positiva*

Miembro de la Asociación Mundial de Psicología Positiva (IPPA)

Catedrático de Educación Física y Deportiva

Contenido

Libro de recetas

INTRODUCCIÓN

Me llamo Isabelle. Estoy casada y soy madre de dos niños. Soy coach de nutrición y psicología positiva. En junio de 2020 creé «el método de adelgazamiento de Isabelle», el primer método en Francia que combina **la psicología positiva con la alimentación con índice glucémico (IG) bajo.** También está inspirado en **principios del ayurveda** (medicina tradicional india), del que soy una apasionada. Después de haber llevado a cabo centenares de consultas y de haber dinamizado programas de grupo, conferencias y master class, creo estar en disposición de compartir un método de adelgazamiento probado y revolucionario.

Todos los consejos que doy en las páginas siguientes los he puesto en práctica yo misma. Después los he compartido con las mujeres a las que acompaño. Cada día observo resultados más sorprendentes. ¡Me encanta ver cómo estas mujeres se metamorfosean!

A lo largo de este libro podremos constatar que algunos consejos se repiten en varias ocasiones: es intencionado. De hecho, según el contexto y el momento de lectura, no se perciben de la misma manera.

Los objetivos de esta obra son los siguientes:

➝ Ayudar a **entender la noción de índice glucémico (IG) bajo,** que puede parecer un concepto difícil si se acaba de descubrir. Por eso aquí lo he simplificado al máximo.

➝ Tener en cuenta **el increíble poder de la psicología positiva** en el contexto de un proyecto de pérdida de peso a través de consejos muy concretos.

➝ **Motivar mediante historias de éxito** de mujeres para que las lectoras y lectores puedan identificarse con ellas y decir: ¡es posible!

A LO LARGO DEL LIBRO OS INVITARÉ A DECIR BASTA A ESTAS 10 IDEAS PRECONCEBIDAS:

1. El azúcar solo se encuentra en los pasteles y las golosinas (ver pág. 24).

2. El «sin gluten» es una moda (ver pág. 31).

3. Hay que restringir las cantidades y contar las calorías para adelgazar (ver pág. 45).

4. La grasa engorda (ver pág. 51).

5. Merendar engorda (ver pág. 53).

6. Es obligatorio comer muy ligero por la noche y solo verduras (ver pág. 55).

7. Para adelgazar hay que suprimir las féculas (ver pág. 57).

8. Para adelgazar a largo plazo, nunca nos podemos saltar la dieta (ver pág. 60).

9. La psicología positiva es igual que el pensamiento positivo (ver pág. 121).

10. La actividad física hace adelgazar, aunque comamos todo lo que queramos (ver pág. 150).

Detallaré cada una de estas ideas preconcebidas.

Al seguir mi método, estos son los resultados que pueden esperarse en muy poco tiempo:

→ **Aumento de la energía.**

→ **Reducción de los antojos dulces.**

→ **Nada de frustración.**

→ **Pérdida de los primeros kilos o centímetros.**

Y, sobre todo, **contar con un montón de herramientas para adquirir una mayor estabilidad emocional.** De esta forma, dejaremos de premiarnos con comida y consolidaremos la pérdida de peso. ¡Se acabó el efecto yoyó!

Nos encontraremos mejor con nuestro cuerpo, con una mejor salud y llenas de energía para cumplir nuestros objetivos. Nos sentiremos alineadas con nuestras aspiraciones más profundas y podremos aprovechar la vida en plenitud. ¡Activaremos la ley de atracción gracias a la psicología positiva para realizar todos nuestros sueños!

Mediante **un efecto espejo,** nuestro entorno también se transformará: la energía positiva y los mejores hábitos alimentarios que pondremos en marcha lo harán posible. Muchas mujeres a las que he acompañado me cuentan que **su marido y/o sus hijos también han perdido peso** e incluso que sus **relaciones familiares** son más armoniosas.

LA LECTURA ACTIVA

Si tenemos memoria visual, recomiendo este modo de lectura, que consiste **en subrayar o anotar** los pasajes que nos parecen más interesantes. Esto nos ayudará a pasar mejor a la acción. También podemos leer los recuadros «En resumen» de cada capítulo para asimilarlos mejor.

ORIGEN DEL MÉTODO DE ADELGAZAMIENTO DE ISABELLE: MI TESTIMONIO

He querido compartir mi testimonio a modo de introducción, ya que para crear mi método me he apoyado sobre todo en mi experiencia. ¡Por eso estoy tan convencida de su eficacia! Por supuesto, además de sentirlo a nivel personal, confirmo su eficiencia en cada una de las mujeres a las que acompaño.

Mi cambio de estilo de vida

Mi cambio de estilo de vida tuvo lugar hace cinco años. En aquel momento era ejecutiva de marketing digital en una gran compañía. Acababa de ser madre por primera vez. Mi carga mental era enorme, como el de muchas mujeres: después de una jornada a cien por hora en el trabajo, enganchaba con mi segunda jornada cuando iba a recoger a mi hija a casa de la niñera... Cuando llegaba el fin de semana, a menudo me sentía sin energía. Por la noche, al volver del trabajo, tenía antojos y picoteaba mientras preparaba la cena. Cuanto más estresante había sido el día o peor me encontraba, más lo hacía.

Mi cambio de hábitos fue progresivo y en tres etapas: en primer lugar, cambié mi alimentación; después, me concedí tiempo para cuidarme; por último, aprendí a gestionar el estrés.

Cambio mi alimentación

«Que el alimento sea tu medicina».

Hipócrates

Hace algunos años, tenía un montón de problemas:

- Mucho cansancio y dificultad para levantarme.
- Hinchazón muy frecuente.
- Infección de hongos recurrentes.
- Tránsito que alternaba estreñimiento y diarrea (intestino irritable).
- Dolores de cabeza.
- Dolores articulares.
- Tendencia al desánimo.
- Problemas dermatológicos (granos inflamatorios).
- Lesiones vinculadas al virus del papiloma.
- Anginas y resfriados frecuentes.

También **me sobraban 6 kilos.** Cada año subía algo de peso, despacio, pero de manera continua... ¡No quiero ni pensar en cómo hubiera estado diez años después!

Un día, cuando estaba de vacaciones en Marruecos, comí pan de sémola en el desayuno. Durante todo el día **me sentí agotada, tuve dolores de cabeza y estuve de mal humor** sin razón aparente, y eso que estaba en un lugar precioso y soleado. Fue entonces cuando relacioné ese desayuno un poco diferente a lo que solía tomar normalmente con mi estado de ánimo.

Empecé a investigar y me di cuenta de que podía ser **intolerante al gluten.** Lo cierto es que cada vez que comía pasta, pan o alimentos con gluten me sentía cansada, me dolía la cabeza y me ponía de muy mal humor.

Al regresar del viaje, mi médico de cabecera me hizo unas **pruebas de intolerancia** y su veredicto fue intolerancia al gluten, a la lactosa y a otros alimentos (sésamo y, sobre todo, algunos oleaginosos). Me documenté sobre este diagnóstico y así pude poner palabras a mi malestar: intolerancias alimentarias, candidiasis e intestino irritable.

Empecé a interesarme por la **nutrición** y desde entonces ¡se ha convertido en una pasión! También me aficioné **al ayurveda, medicina tradicional india,** algunos de cuyos consejos para una buena digestión puse en práctica. Muy pronto me sentí menos hinchada y menos cansada. Sin embargo, no todas sus recomendaciones en materia de alimentación me venían bien.

Fue entonces cuando descubrí la alimentación con IG bajo, lo que para mí supuso un antes y un después. De hecho, hasta ese momento estaba sometida a continuos antojos y ganas de comer dulce, sobre todo al final del día. También solía tener crisis de hipoglucemia. Pero como este nuevo tipo de alimentación me proporcionaba una sensación de saciedad prolongada entre las comidas, mis antojos desaparecieron. Al regular mi glucemia gracias a la alimentación con IG bajo, enseguida me sentí mejor.

También descubrí y experimenté **el vínculo que existe entre el intestino y el cerebro:** a medida que modificaba mi alimentación, mejor se iba sintiendo también mi cabeza. Lo que más me gustó de la alimentación con IG bajo fue que no existe la frustración: muchos platos, incluso postres, se pueden modificar a una versión con IG bajo.

Beneficios inesperados

Los **primeros beneficios** que experimenté solo unos días después fueron:

→ Más energía.
→ Desaparición de los antojos.
→ Menos ganas de azúcar.
→ Desaparición de la hinchazón (algo así como si me hubiera «desinflado»).
→ Desaparición de dolores articulares (junto con el abandono del gluten y la lactosa).

Más adelante, a medida que iba pasando el tiempo, **confirmé un verdadero cambio** en mi salud general:

- Perdí 6 kilos y recuperé mi figura de cuando era más joven.
- Me sentí más serena, menos estresada y menos irritable.
- Mi candidiasis desapareció.
- Casi nunca me ponía enferma.
- Solo necesito ir al dentista para hacerme las limpiezas.
- Mi tránsito está perfectamente regulado.
- Ya no tengo síndrome premenstrual ni reglas dolorosas.
- Mi virus del papiloma ya es historia.

Yo antes y después de poner en práctica mis nuevos hábitos.

En definitiva, lo que más me impresionó fue cómo se desarrollaron mi **segundo embarazo** y mi **posparto.** Dado que en mi primer embarazo aún no tenía estos hábitos de alimentación, pude constatar la diferencia.

Lo primero que me sorprendió fue que me quedé embarazada enseguida. Estoy convencida de que unos hábitos de vida saludables mejoran la fertilidad, aunque, por supuesto, hay otros muchos factores que se han de tener en cuenta a este respecto.

Aparte de los problemas de circulación en las piernas y las náuseas de los primeros días, no experimenté ninguna de las molestias más comunes que se sufren **durante el embarazo:**

- Nada de hipertensión.
- Nada de diabetes gestacional.
- Nada de reflujos ácidos (¡y tuve muchos la primera vez!).
- Ningún problema de tránsito ni de hemorroides.
- Buena calidad del sueño.

Zoom en...
La candidiasis

Candida albicans es un hongo que está presente en nuestro organismo de manera natural, pero que tiene tendencia a proliferar cuando nuestra microbiota intestinal está desequilibrada y entonces provoca candidiasis. Los síntomas son los siguientes:

• Fatiga crónica.

• Intolerancias alimentarias.

• Micosis en los pies (talones agrietados o rajados), uñas blanquecinas, micosis vaginales con pérdidas de flujo blanco y abundante, candidiasis oral, etc.

• Lengua hinchada, sobre todo al despertar, y mal aliento.

• Problemas de tránsito (diarreas y/o estreñimiento) e intestino irritable.

• Problemas digestivos: hinchazón, quemazón de estómago...

• Problemas cutáneos.

Puede haber muchos factores en el origen de estos problemas: el estrés que acidifica y debilita mucho nuestra microbiota; una alimentación demasiado azucarada o una adicción al azúcar; la toma de antibióticos; un desequilibrio emocional, por ejemplo, cuando una persona siente que no está en el lugar en el que quisiera estar tanto en su vida profesional como personal.

Gracias a mi método, podrás deshacerte de la candidiasis, como hice yo. Y esto es esencial, ya que, para llegar hasta el final en el proyecto de pérdida de peso, es muy importante **volver a equilibrar la microbiota intestinal** con el fin de no bloquear la pérdida de peso.

Más tarde, **durante mi posparto:**

→ Ninguna sensación de desánimo o depresión.

→ Más facilitad para gestionar las noches de sueño entrecortado.

→ Nada de estrías.

→ Volví a tener el vientre plano dos semanas después del parto.

Yo embarazada y después de dos semanas tras el parto.

Decido cuidarme

«No olvides cuidar de la persona con quien pasarás toda tu vida: ¡tú!».

Anónimo

Entre el trabajo y mi vida familiar, me olvidaba a menudo de cuidarme. Estaba muy enfocada en mi trabajo, en el que cada vez me confiaban más proyectos. Encadenaba una reunión tras otra. Los viernes teletrabajaba, pero era incluso peor: comía en poco tiempo, muy deprisa, y aprovechaba la pausa de mediodía para hacer algunas compras.

Mi agenda estaba siempre muy apretada, después del trabajo tenía que salir pitando a recoger a mi hija a casa de la niñera. Tardaba casi hora y media de transporte cada día para ir al trabajo y tenía la impresión de estar corriendo todo el tiempo. El viernes por la noche estaba agotada y no dejaba de pensar en las vacaciones.

Un lunes por la mañana mi cuerpo dijo basta. Había forzado la máquina demasiado. Aquel día llegué al trabajo, abrí el correo y mientras miraba el ordenador me sentí muy confusa. Durante la primera reunión de la mañana, mi responsable me hizo una pregunta y al ir a responderle se me aceleró el corazón y con la respiración entrecortada tuve la sensación de estar ahogándome. Me recuperé con esfuerzo, pero no me libré de la sensación de agotamiento. Y solo era lunes... Decidí ir a ver a mi médico, que me dio una baja de algunos días. Aprovecho para darle las gracias, porque este médico extraordinario también me animó a cambiar mi estilo de vida cuando algunos meses más tarde me dijo: «¡Tienes que ponerte en marcha!». Fue así como la idea del cambio empezó a germinar en mi cabeza.

Me acuerdo muy bien de ese periodo de pausa. Por las mañanas paseaba por el parque totalmente desorientada. Me di cuenta de que aquella situación no podía seguir así. **Tenía que cuidarme más.**

Poco a poco fui aumentando el tiempo que me dedicaba a mí misma, ¡y me sentaba de maravilla! Clases de yoga, masajes y cuidados del cuerpo, baños, sofrología y meditación (a través de vídeos de YouTube), cenas y fines de semana con mis amigas o en pareja... Hoy en día estos momentos son una **prioridad.** Si tomo distancia, me doy cuenta de que, cuando me cuido, soy más eficaz en el trabajo y estoy más tranquila, sobre todo con mis hijos y en todo en general. ¡Es un verdadero círculo virtuoso!

Siempre me ha interesado **el desarrollo personal.** En mi trabajo, en cuanto tenía oportunidad, aprovechaba para apuntarme a alguna formación relacionada con esta cuestión. Así fue como pude disfrutar de una sesión de **coaching** cuyo objetivo era mejorar la comunicación en público. Al final, esta formación me sirvió también para el ámbito personal: empecé a ser consciente de que mi **reconversión profesional** era posible. Estoy convencida de que cuidarse significa también darse tiempo para pensar sobre nuestras **aspiraciones más profundas.** En estas vidas que llevamos a cien por hora ¡nos detenemos tan poco!

La meditación también me ha ayudado mucho a reflexionar sobre mi reconversión. Ahora practico lo que se conoce como **«meditación cotidiana»**:

escucho música de meditación mientras camino, cuando voy en el coche, cuando estoy cocinando o incluso por la noche antes de dormir. Dejo que mis pensamientos acudan; es muy relajante y calmante. Esto favorece la **introspección** y la **toma de conciencia.**

Asimismo, he adoptado la costumbre de hacer a **menudo paseos meditativos:** caminar al son de una música que me dé paz. Cuando teletrabajaba, los hacía en la pausa de la comida durante unos 15 o 20 minutos. No hace falta que sean demasiado largos. Meditar es una actividad muy calmante y encima me facilita encontrar nuevas ideas. Favorece la **creatividad,** por ejemplo, si estamos en la fase de búsqueda de nuestras aspiraciones.

Aprendo a gestionar mejor mi estrés

> *«Acepta lo que es, deja ir lo que fue y ten confianza en lo que será».*
>
> Buda

El estrés formaba parte de mi vida diaria: proyectos que entregar en el trabajo, organización diaria para mi familia, gestión de horarios... En definitiva, ¡siempre la famosa carga mental! Poco a poco, fui desarrollando trucos que me permitían disminuir ese estrés y, sobre todo, no aumentarlo.

Por ejemplo, empecé a ver **menos noticias en televisión,** sobre todo en los canales 24 horas, que me parecían demasiado agobiantes. Me hice una **«cámara de descompresión»** al salir del trabajo: en el trayecto de vuelta a casa escuchaba música suave y evitaba las pantallas (sobre todo la del móvil). Resultó ideal para llegar a casa mucho más tranquila y afrontar mi «segunda jornada» de mamá.

También me acostumbré a **concederme pequeñas pausas** con regularidad, ya que solía encadenar horas y horas en el trabajo sin moverme de la silla.

EN RESUMEN

- Más allá de adelgazar, comer con IG bajo significa también ganar en salud.
- Cuidarse es la clave para sentirse mejor tanto en el trabajo como en la vida personal.
- Es posible gestionar el estrés con pequeños trucos diarios.

Mi cambio de chip con la psicología positiva

Descubrí la psicología positiva durante una conferencia online y enseguida me sentí atraída por esta disciplina. Aquel día significó un antes y un después para mí y decidí formarme para aprender más sobre el tema. A lo largo de la formación puse en práctica los ejercicios y herramientas que me propusieron y puedo decir que tuvieron **un efecto mágico.**

Tengo una mirada más positiva sobre la vida

«Hay dos formas de pensar. Una es creer que los milagros no existen. La otra es creer que cada cosa es un milagro».

Albert Einstein

Cuando empecé la formación en psicología positiva, el primer ejercicio que nos propusieron consistía en hacer cada día una lista de las cosas positivas. Este hábito me permitió darme cuenta, poco a poco, de que cada día conllevaba un montón de cosas muy positivas: una sonrisa, un mensaje o una llamada, un momento de intercambio o de compartir, un cumplido... En pocas palabras, **«pequeños momentos de felicidad cotidianos»**, como me gusta llamarlos.

Antes solía ver el **vaso medio vacío en vez de medio lleno e imaginaba todo lo que podía salir mal. Anticipaba escenarios catastróficos para estar preparada en el caso de que llegaran, valoraba sobre todo los grandes logros** y solo estaba satisfecha si triunfaba con «grandes» proyectos. Más tarde empecé a valorar la satisfacción de los **pequeños triunfos cotidianos,** a felicitarme interiormente y a sentirme orgullosa de mí misma.

Paso a paso, me fui encaminando hacia la **autoindulgencia** en vez de sentirme culpable por haber hecho algo mal o por no haber hecho lo suficiente. Mientras que antes solo ponía toda mi atención en mi lista de tareas, empecé a anotar todo lo que había hecho y no estaba previsto.

La autoindulgencia es también aceptar el propio cuerpo tal y como es. Como todo el mundo, tenía complejos, pero decidí **centrarme en lo que sí me gustaba de mi cuerpo.** Una vez que me deshice de los 6 kilos gracias a la alimentación con IG bajo, estaba encantada de tener las piernas más finas y empecé a usar más faldas y vestidos.

Si antes me bloqueaba cuando se presentaba la más mínima contrariedad, ahora empezaba a calibrar la suerte que tenía y a repetírmelo cada vez que podía. Si veía a alguien con muletas por la calle, me decía a mí misma lo afortunada que era por tener buena salud. Si escuchaba historias de divorcio, recordaba que tenía la suerte de tener una pareja sólida. Encontré una forma eficaz de relativizar las pequeñas preocupaciones cotidianas. De esta manera, la gratitud se convirtió en una parte fundamental de mi vida, ¡y es magnífico!

Esta **nueva perspectiva** incluye saber agradecer a quienes nos rodean cuando nos dan un impulso en la vida, y eso es algo que no manifestamos de modo explícito cuando lo cierto es que dar las gracias refuerza las relaciones interpersonales.

Gano confianza en mí misma

«Cree en tus sueños y tal vez se hagan realidad. Cree en ti mismo y seguramente se harán realidad».

Martin Luther King Jr.

Desde muy joven siempre **pensé que era tímida y reservada** y actuaba en consecuencia. No me presentaba, no hablaba en voz alta, me vestía de negro o gris para pasar desapercibida y odiaba hablar en público. Rara vez expresaba mis opiniones y esperaba a que los demás me dieran su opinión positiva para tranquilizarme. **Tenía miedo de lo que otros pensaran** y a veces incluso actuaba siguiendo su criterio. En definitiva, todo síntomas de mi falta de autoconfianza.

En psicología positiva partimos del principio de que todo el mundo tiene fortalezas de carácter y que si se fortalecen esos puntos fuertes, en lugar de tratar de hacer hincapié en sus debilidades, ganamos confianza. Inicialmente la idea es **determinar las fortalezas de la persona.** Por mi parte, conocía:

- Mi capacidad de organización.
- Mi facilidad para encontrar soluciones.
- Mi empatía.

Cada vez que en mi vida cotidiana utilizaba estos puntos fuertes y constataba su efectividad lo notaba. Por ejemplo, si tenía que llamar a un amigo por teléfono para animarle:

1 Me decía: «Una vez más he probado mi empatía» ⇒ **fortaleza de personalidad reforzada;**

2 Me felicitaba interiormente ⇒ **ganaba autoconfianza;**

3 Notaba las palabras que le habían reconfortado ⇒ **tomaba nota de ellas para mejorar esta fortaleza en próximas ocasiones con el mismo amigo o con otras personas!**

Poco a poco, con la práctica consciente de estas fortalezas de mi personalidad no solo las consolidé, sino que también comencé a detectar y desarrollar otras. **Gané confianza** en muchas facetas de mi vida profesional y personal:

- Ahora hablo en público sin temor en clases magistrales o en conferencias.
- Me siento cómoda con mi imagen y con mi cuerpo independientemente de la mirada de los demás (¡hasta me atrevo a usar ropa colorida!).
- Confío más en mí como madre.
- Expreso y defiendo mis opiniones.
- Salgo más a menudo de mi zona de confort y me atrevo a más cosas que antes.
- Me las arreglo para hacer realidad mis sueños.

Para ganar confianza en mí misma he utilizado todo tipo de pequeñas **herramientas:**

→ Encontré unos mantras («confío en mí» y «¡voy a lograrlo»), los escribí en un pósit y los he pegado en el espejo del cuarto de baño.

→ Cambié mi contraseña del ordenador por la palabra CONFIANZA.

→ Si veía en algún sitio mi número favorito (el 22), me decía interiormente: «Confío en mí misma».

→ Cuidaba más mi apariencia física (ropa, peinado, maquillaje): ¡esto también da confianza!

Todas estas pequeñas acciones y ajustes me han permitido persuadirme de manera profunda de que confío en mí. Así, en la época en que era asalariada, siempre esperaba las validaciones externas de mis jefes o de mi entorno laboral, pero ya no necesito los cumplidos para tener autoconfianza. ¡Y eso lo cambia todo! Porque si esperamos cumplidos de los demás, siempre nos sentiremos insatisfechos.

A partir de ahora, soy consciente de mi valor y de mis fortalezas, sin que se me suban a la cabeza, ¡claro! Pero no dudo en felicitarme de manera interior por mis logros y en decirme que estoy orgullosa de mí.

MI CONSEJO

Al principio, está bien salir de la zona de confort con pequeños gestos cotidianos, como llamar a una persona sin tener miedo de molestarle o dirigirnos a alguien que pasa por la calle para preguntarle por una dirección. Poco a poco nos iremos fijando otros desafíos.

Gestiono mejor mis emociones

> «*Para ser feliz hay que eliminar dos cosas: el miedo a un mal futuro y el recuerdo de un mal pasado*».
>
> Séneca

Siempre he tenido una gran sensibilidad. **Antes de mi transformación, sufría con mis emociones.** Solía tener cambios de humor que se intensificaban en ciertos momentos de mi ciclo. Cuando empecé a escuchar y a acoger mis emociones, comencé a tener un estado de ánimo más estable. ¡Y también aumentó mi dosis de emociones positivas! Para conseguirlo puse en práctica algunos hábitos que me han ayudado:

→ A menudo me concedo momentos para mí. **La famosa cita contigo misma,** de la que hablaré más adelante (ver pág. 138).

→ Al ser tan sensible, **me alejo al máximo de lo que pueda afectarme demasiado:** noticias, imágenes o información violenta...

→ Intento **crear el máximo posible de emociones positivas** haciendo cosas que me gustan, empezando por mi trabajo y pasando tiempo con la gente a la que quiero.

También he encontrado medios para **«digerir» mejor mis emocione**s y no sufrir con ellas: meditación, yoga, escritura... ¡Me ha sido de gran ayuda!

Aprendo a activar la ley de atracción

> *«Lo que somos es el resultado de lo que hemos pensado».*
>
> Buda

La psicología positiva nos ayudará a activar la bien llamada **«ley de atracción».** Consiste en creer que si nos concentramos en pensamientos positivos o negativos podemos desencadenar experiencias positivas o negativas. De esta manera, gracias a la psicología positiva, he experimentado **la atracción de más cosas positivas a mi vida.** Puede que lo que haya ocurrido simplemente sea que he logrado transformarme, he establecido una relación más profunda con mis amigos y mi familia y me he centrado en la realización de mis sueños (proyectos personales y profesionales).

En un primer momento, cuando todavía trabajaba en una compañía y tenía en mente mi proyecto de reconversión, la psicología positiva me ayudó a sacar provecho de la situación. Si entonces solía quejarme de falta de propósito en mi trabajo, mi formación en psicología positiva me ayudó a enfocarlo desde lo positivo y pasar a la acción.

Al lado de mi cama colgué esta famosa frase de Antoine de Saint-Exupéry: «Haz de tu vida un sueño y de ese sueño, una realidad».

HAZ DE TU VIDA UN SUEÑO, Y DE ESE SUEÑO, UNA REALIDAD

ANTOINE DE ST EXUPÉRY

Desde aquel día, **decidí identificar mis sueños y hacer lo posible para que se cumplieran.** Todas las mañanas veía esta cita que me daba ánimos. Mi sueño era transformarme y lanzarme por mi cuenta a la profesión del bienestar. Escribir este libro era uno de mis sueños:

Empecé a:

◊ Estar más motivada en mi trabajo como empleada y a anotar todo lo que pudiera serme útil para mi actividad futura. Además, **me sentía mucho más eficaz y positiva.** Incluso obtuve bonus y aumentos excelentes.

◊ Hacer **test de coaching** con miembros de mi familia, compañeros de trabajo o amigos.

◊ Seguir **formándome** por mi cuenta y además aprovechar todas las formaciones que había en mi trabajo.

◊ **Definir mi proyecto** con lecturas y un coaching personal, buscando inspiración en otras personas que lo habían conseguido...

◊ **Practicar la introspección** gracias a la meditación para saber qué quería hacer realmente.

◊ **Conocer a personas** que me inspiraron y me ayudaron muchísimo a emprender el camino.

◊ **Ganar en confianza** y crear contenido en redes sociales; sobre todo, vídeos.

Después, di el paso y lancé mi proyecto, aprovechando que estaba en paro parcial por el COVID. Por mi parte, este imprevisto significó una buena oportunidad que aproveché de inmediato. ¡Era ahora o nunca!

A partir de entonces, mi trabajo cobró todo el sentido y el bajón del domingo desapareció: de hecho, ocurrió todo lo contrario por las ganas que tenía de volver a ver a las mujeres a las que acompaño. Empecé también a crear mi **tablero de visualización** (ver pág. 132) y a representar de manera muy precisa lo que quería en mi vida tanto en el plano personal como en el profesional. En el ámbito profesional, solo anoté algunas palabras en mi tablero de visualización y todo se cumplió:

➥ Desarrollar mi cuenta de Instagram. Hoy cuento con más de 4000 seguidores.

➥ Escribir un libro. ¡Aquí está!

➥ Dar conferencias. Ya he intervenido en grandes empresas.

Aplico esta técnica para cada proyecto personal o profesional: visualizo el éxito de manera muy precisa. Lo hice también para mi parto, que ocurrió tal y como lo había imaginado.

EN RESUMEN

• La psicología positiva ayuda a cambiar la forma de ver la vida y de sacar su parte positiva.

• Si trabajamos las fortalezas del carácter, ganaremos confianza en nosotros mismos.

• En definitiva, ser más positivos propicia alcanzar lo que se desea: es la ley de la atracción.

1

Poner en práctica el IG bajo para adelgazar

¿POR QUÉ MODIFICAR LA ALIMENTACIÓN?

En la actualidad, **cada español consume 26 kilos de azúcar al año.** Es significativo hasta qué punto el azúcar ocupa un lugar privilegiado en nuestra alimentación, que el tiempo ha ido transformando profundamente. **Los alimentos azucarados son adictivos:** un estudio ha probado incluso que el azúcar es más adictivo que la cocaína. Por eso es tan difícil superar el hábito de consumirlo.

Idea preconcebida n.º 1: «El azúcar solo se encuentra en pasteles y golosinas».

Los alimentos azucarados son, por supuesto, los refrescos, las golosinas, los pasteles y los helados. Y también lo son otros alimentos que, sin tener demasiado sabor azucarado, son ricos en glúcidos, como el pan blanco, las féculas, las patatas, sin olvidar la comida industrial ultraprocesada: el 80 % de sus productos contienen azúcar añadido.

¿Sabías que una *baguette* de pan blanco contiene el equivalente a 25 terrones de azúcar o que un frasco de 125 ml de salsa de soja azucarada equivale a 14 terrones de azúcar? Para ver otros ejemplos tan elocuentes como este, podemos consultar la cuenta de Instagram (muy visual) @revolutionsanssucre.

Mi método tiene como objetivo modificar profundamente la alimentación para descubrir y apreciar la **que tiene un índice glucémico bajo (IG bajo).** Propongo **limitar la cantidad de glúcidos y mejorar la calidad** de los que se ingieren. Sin embargo, no se trata de eliminarlos totalmente, ya que un régimen demasiado drástico no es sostenible a largo plazo. Muy rápidamente descubriremos que **una alimentación con menos azúcar tiene beneficios** que van más allá de la pérdida de peso:

• Menos cansancio (sobre todo al despertar y después del desayuno).

• Menos enfermedades o una mejor salud cuando estamos enfermos.

• Mejor humor y menos estrés.

• Menos antojos.

• Mayor claridad mental.

¿Qué es el IG bajo para adelgazar?

El IG bajo para adelgazar es un modo de alimentación que limita la cantidad de glúcidos, prioriza los glúcidos de calidad y se centra en el momento óptimo para consumirlos, así como en la correcta digestión de los alimentos. Se trata ante todo de una manera de alimentación, no de un régimen: una forma de alimentarse que se puede mantener a lo largo de toda la vida. Yo misma alcancé mi objetivo de pérdida de peso, pero después mantuve esta alimentación que me sienta tan bien. A diferencia de otras dietas, **en el IG bajo para adelgazar:**

→ Ningún alimento está prohibido.

→ No se cuentan las calorías.

→ No se miden las cantidades y se come según el apetito.

Los beneficios del IG bajo para adelgazar son:

→ Mejor digestión.

→ Desinflamación y adelgazamiento.

→ Desaparición de la frustración.

A cambio, **habrá que empezar a cocinar en casa,** si es que no se hace. ¡Es la condición! Pero que no cunda el pánico: lo explicaré todo para demostrar que es posible cocinar en casa de manera fácil incluso aunque no dispongamos de mucho tiempo.

El índice glucémico y la carga glucémica

La alimentación actual es muy distinta a la de nuestros antepasados. Antes los alimentos que se consumían eran en su mayoría carne, pescado y verduras. El azúcar provenía sobre todo de las frutas y la miel. Con la llegada de la agricultura, las féculas se sumaron a la alimentación humana. Desde entonces están presentes en casi todas las comidas y en cantidad importante. De aparición más reciente, la comida industrial ultraprocesada causa grandes estragos. Hay muchos alimentos ultratransformados, muy azucarados y que contienen sustancias que no convienen al sistema digestivo.

Hace algunos años se establecía la diferencia entre los azúcares llamados «lentos» (féculas) y los que se llamaban «rápidos» (pasteles y otros dulces). Más tarde se probó que los dos tipos de azúcares tenían el mismo impacto sobre el aumento de la glucemia (nivel de azúcar en la sangre). Finalmente, en los años ochenta investigadores americanos actualizaron la noción de **índice glucémico (IG).** Se trata de un valor comprendido entre 0 y 100 que permite clasificar los alimentos en función de su influencia sobre el aumento de la glucemia en las horas posteriores a su ingesta (100 corresponde al IG de la glucosa).

Hay tres niveles de índice glucémico:

• IG bajo < 50	• IG medio: entre 50 y 70	• IG alto > 70

Se considera que los alimentos cuyo IG es bajo o medio contienen glúcidos de mejor calidad. Un alimento que hace aumentar mucho y muy deprisa el nivel de glucemia tiene un IG alto. Si consumimos muchos alimentos con IG alto, el páncreas, que produce la insulina, la hormona que regula la glucemia, estará sometido a una dura prueba y puede debilitarse.

Los picos o aumentos bruscos de glucemia provocan:

◊ **A corto plazo,** cansancio tras la comida («bajón») y más ganas de picotear (sobre todo, azúcares en general).

◊ **A medio plazo,** aumento de peso, irritabilidad y estrés.

◊ **A largo plazo**, resistencia a la insulina (células que no responden bien a la insulina), enfermedades como la diabetes tipo 2 o incluso una esteatohepatitis no alcohólica (NASH), que es una enfermedad de hígado graso, y también algunos tipos de cáncer.

Para completar la noción de índice glucémico, también hay que conocer lo que es la **carga glucémica (CG).**

ÍNDICE GLUCÉMICO → Noción de **calidad** de los glúcidos de un alimento.

CARGA GLUCÉMICA → Hace referencia a la **cantidad** de glúcidos que contiene un alimento.

En una comida, consumimos alimentos con IG distintos. Si entre ellos hay un alimento con IG moderado o alto, **su impacto sobre la glucemia dependerá de si contiene una cantidad pequeña o grande de glúcidos.**

CG más baja:
el arroz está presente en menor cantidad y el plato contiene también verduras y proteínas (pescado) que equilibran el conjunto y bajan la CG global.

CG alta:
el plato solo contiene arroz.

Con el objetivo de un IG bajo para adelgazar, propondré platos con carga glucémica reducida. No habrá que calcular nada ni verificar los índices glucémicos de los alimentos. ¡Yo seré la guía!

El ciclo del cortisol

Mi método de IG bajo para adelgazar se basa en el ciclo del **cortisol,** que se conoce también como «la hormona del estrés». El cortisol es **hiperglucemiante:** con su presencia el organismo libera glucosa (azúcar) en la sangre. Este azúcar queda entonces disponible para producir la energía necesaria para la digestión en una situación de estrés.

El cortisol está presente en un nivel elevado por la mañana para que podamos arrancar el día con energía. A lo largo del día su nivel va decreciendo. Por supuesto, si atravesamos situaciones de estrés, el cortisol podrá mantenerse en un nivel elevado durante mucho más tiempo. Por tanto, **será fundamental trabajar en la reducción del estrés.**

El método IG bajo para adelgazar pretende adaptar la alimentación en función del ciclo de cortisol con el objetivo de regular el nivel de azúcar en la sangre. De hecho, el organismo almacena el excedente de azúcar en forma de grasa. La idea es simple: es mejor consumir los glúcidos cuando el nivel de cortisol es bajo.

CURVA DEL CORTISOL

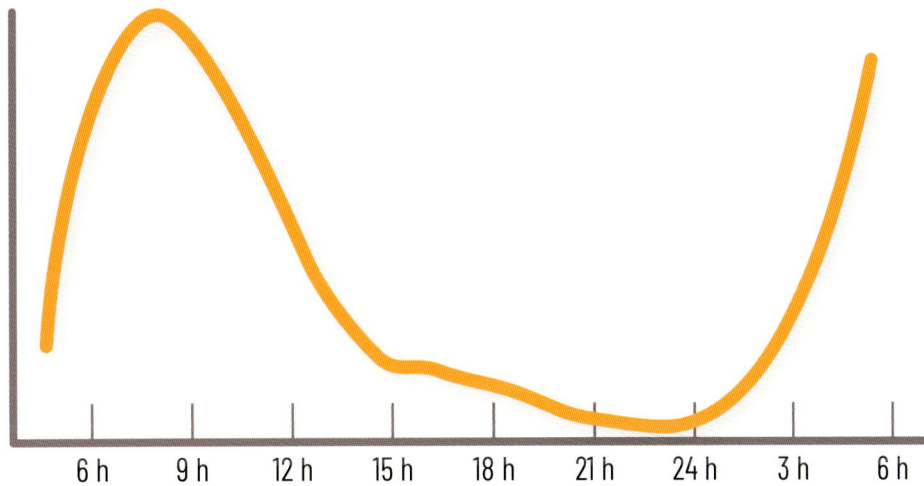

6 h   9 h   12 h   15 h   18 h   21 h   24 h   3 h   6 h

EN RESUMEN

- Una alimentación menos azucarada facilitará lograr el objetivo de adelgazamiento y es beneficiosa para la salud.

- El IG bajo para adelgazar es una manera de alimentarse (no una dieta) sin prohibiciones y puede mantenerse a largo plazo.

- Es importante adaptar la alimentación en función del ciclo de cortisol, hormona del estrés, que tiene un impacto muy importante sobre el aumento de la glucemia y en consecuencia puede provocar una subida de peso.

¿Por qué modificar la alimentación?

¿CÓMO OPTIMIZAR LA DIGESTIÓN?

Durante mis consultas he recibido a muchas mujeres cuya pérdida de peso se veía bloqueada a pesar de haber adoptado una alimentación con IG bajo. Si se mejora la digestión (la de los alimentos y también la de las emociones), la pérdida de peso será más sencilla. Primero, propongo definir el perfil digestivo y, después, plantaré algunos consejos.

¿Cuál es nuestro perfil digestivo?

Para mi planteamiento, me inspiro en **el ayurveda,** según el cual, la digestión se encuentra en el centro de todo. Nuestro cuerpo utiliza su energía, en primer lugar, para digerir. Una mala digestión provoca aumento de peso, cansancio e incluso inflamación. El sistema digestivo también es la clave de una inmunidad del 80 %. En la actualidad, las teorías sobre una alimentación saludable están muy centradas en los nutrientes que aportamos al cuerpo. Se entiende que hay que comer bio, vivo, apostar por este o aquel nutriente... Por supuesto que es importante, **pero por mucho que comamos los mejores alimentos del mundo desde un punto de vista nutricional, si el cuerpo los digiere mal, no habrá ningún beneficio.**

Un estancamiento en la pérdida de peso normalmente está vinculado a una mala digestión. Si la digestión es trabajosa, obligará al cuerpo a movilizar mucha energía y resultará muy cansada. Esto explica que tras una comida muy copiosa tengamos ganas de dormir la siesta: el cuerpo está pidiendo que lo dejen trabajar tranquilo.

Antes de nada, propongo hacer un test para evaluar el perfil digestivo marcando las casillas que correspondan.

	A = normalmente	B = a veces	C = nunca
Tengo el vientre hinchado después de comer.			
Tengo flatulencias.			
Tengo dolores de estómago, espasmos.			
Tengo eructos o hipo.			
Tengo reflujos ácidos.			
Estoy estreñido.			
Me suenan las tripas.			
Tengo diarrea.			

RESULTADOS

◊ MAYORÍA DE A: PERFIL «DIGESTIÓN MUY ALTERADA»

Mejorar la digestión es prioritario. Sin esto, la pérdida de peso se verá bloqueada. Probablemente haya kilos de sobra en el vientre, siempre hinchado. Sin duda, la persona con este perfil se siente siempre estresada, cansada y con mucha angustia. Quizá también padezca inflamación y dolores de manera crónica. Siguiendo mis consejos referentes a la digestión de los alimentos, y también a la de las emociones, pronto habrá mejoría. Si es necesario, la ayuda profesional para gestionar mejor las emociones será bienvenida.

◊ MAYORÍA DE B: PERFIL «DIGESTIÓN DETERIORADA»

Existen algunos signos de una digestión que empieza a deteriorarse, pero estos problemas digestivos no son constantes y se manifiestan en periodos de estrés o de cansancio. Desde un punto de vista emocional, puede que la persona de este perfil tenga ganas de un cambio y no se encuentre del todo satisfecha con su vida actual. Si sigue mis consejos para mejorar la digestión, en poco tiempo se corregirá el rumbo y la pérdida de peso será más sencilla.

◊ MAYORÍA DE C: PERFIL «DIGESTIÓN QUE HAY QUE VIGILAR»

En principio, no parece haber un desajuste en el sistema digestivo y, de haberlo, es muy leve. La persona de este perfil está en buen forma física y se encuentra feliz en términos generales. Sin embargo, en caso de sobrepeso, sería interesante favorecer una mejor digestión para no almacenar tanto. Si sigue mis consejos, la pérdida de peso será más rápida.

Digerir bien los alimentos

Para cuando la digestión está alterada (hinchazón, gases...), propongo seguir estos consejos:

PARA DIGERIR BIEN

1 Beber el equivalente de una botella isotérmica de infusión de jengibre durante toda la mañana (ver receta en la pág. 35). El jengibre fresco es una maravilla de la naturaleza que facilita mucho la digestión y absorbe los gases.

2 Evitar alimentos crudos, que son menos digestivos. Una de las mujeres a las que acompañé consumía productos bio y «buenos para la salud», sobre todo semillas germinadas y crudités. Como su digestión era tan mala, siempre estaba hinchada, Cuando dejó las crudités, empezó a sentirse mucho mejor. Por supuesto, las crudités están llenas de nutrientes, pero solo son beneficiosas si se digieren bien.

3 Comer frutas fuera de las comidas (en la merienda). De esta forma, tardarán menos tiempo en ser digeridas que el resto de la comida y no fermentarán mientras esperan a que los demás alimentos se digieran.

4 Los productos lácteos de vaca y el gluten son los dos principales alérgenos alimentarios y son muy inflamatorios; perjudican mucho la digestión. Aconsejo dejar de tomarlos durante unos días para ver si nos encontramos mejor. Muchas mujeres a las que acompaño observan una diferencia al cabo de dos o tres días. Se sienten «desinfladas» y tienen más energía. A veces, basta con eliminar la lactosa y el gluten para solucionar los problemas digestivos. Cada organismo reacciona de manera diferente y es muy importante, desde mi punto de vista, hacerse algunos exámenes médicos.

5 Preparar platos muy sencillos: cuantos menos alimentos contengan, mejor serán digeridos por el organismo.

6 Las monodietas. Por ejemplo, un desayuno que solo incluya huevos facilita que el sistema digestivo descanse y, por tanto, que almacene menos.

7 Hacer agradable el momento y el ambiente de las comidas. Una mesa bonita, un picnic a la orilla del agua, una cena con amigos o con personas que queremos también son parámetros que favorecen la digestión. En cambio, una comida hablando de temas delicados o en un ambiente ruidoso tendrá un impacto negativo en la digestión.

8 Dedicar el tiempo suficiente a masticar bien. De esta forma, los alimentos estarán predigeridos.

9 Llevar a cabo una cura de probióticos, bacterias buenas que equilibran la microbiota intestinal (ver pág. 33).

10 Prestar atención a algunas familias de alimentos menos digestivas: las coles, que pueden provocar hinchazón; las leguminosas (lentejas, judías, guisantes...), que pueden aumentar la permeabilidad intestinal, etc. Todo depende de la sensibilidad que se tenga a estos alimentos. Aconsejo hacer pruebas y evaluar cómo nos sentimos tras comerlos.

Idea preconcebida n.º 2: «El sin gluten es una moda».

La palabra «gluten» proviene del latín y significa 'pegamento', 'sustancia viscosa'. Se trata de proteínas presentes en algunos cereales, como el centeno, la avena, el trigo, la cebada o la espelta. En la actualidad, el gluten también se añade a algunos platos precocinados, a la salsa de soja y a algunos embutidos. Es aglutinante y aporta más esponjosidad al pan.

Este «pegamento» puede perjudicar al intestino y provocar problemas digestivos: gases, vientre hinchado, cansancio intenso, dolores de cabeza, algún tipo de inflamación e incluso un estado depresivo. De hecho, un estudio ha demostrado el vínculo entre la sensibilidad al gluten y la depresión[1]. En mi caso, también hay que añadir granos inflamatorios y dolores articulares.

Hay quien piensa que lo sin gluten es solo una moda, pero no es así en absoluto. En mis consultas puedo comprobar que dejar el gluten tiene un impacto real en la pérdida de peso y permite sobre todo recuperar un vientre plano. Es lógico: se digiere mejor, así que el vientre se deshincha. Desde que detecté mi intolerancia al gluten y lo dejé, me siento mucho mejor.

1. Todas las referencias de notas se pueden revisar en pág. 190.

¿Cómo optimizar la digestión?

Zoom en...
Los productos lácteos de vaca

Los productos que provienen de la leche de vaca contienen factores de crecimiento que estimulan la producción de insulina (los de leche de cabra o de oveja también los contienen, pero en menor cantidad). Así pues, un nivel alto de insulina **provoca un almacenamiento en forma de grasa.** De hecho, la leche de vaca está, en principio, destinada al engorde de un ternero que pesa 40 kilos cuando nace y alcanza los 150 o 200 kilos a los seis meses. Hasta los cuatro años somos capaces de digerir la leche de vaca gracias a **la lactasa,** una enzima que produce nuestro organismo. A partir de esa edad el cuerpo deja de fabricarla. Por este motivo, el consumo de productos lácteos de vaca puede provocar **desarreglos digestivos** y también problemas en la piel, enfermedades del aparato respiratorio o dolores articulares.

¿Cómo reducir el gluten y la leche de vaca?

No consumir gluten ni leche de vaca parece complicado. Pero actualmente existen muchos sustitutos de los productos que los contienen.

→ Alternativas a pasta de trigo: pastas de arroz integral o de leguminosas (lentejas coral, guisantes...).

→ Alternativa al pan tradicional: pan a base de harinas sin gluten (ver recetas en págs. 75 y 76).

→ Alternativas a la masa de hojaldre: superponiendo tortas de trigo sarraceno (ver receta de la quiche-crepe de jamón y espinacas, pág. 99).

→ Alternativas a las pizzas: ¡mi receta de pizza ligera (ver pág.103) no deja indiferente a nadie!

→ Alternativas a la leche de vaca: bebidas vegetales de coco, almendra, avellana..., mucho mejor si están enriquecidas con calcio. El calcio también se encuentra en muchos productos vegetales y en los oleaginosos. Con una alimentación equilibrada no habrá riesgo de carencias.

→ Alternativas a la nata: cremas vegetales.

LA MENOPAUSIA Y LA DIGESTIÓN

La menopausia es un periodo en el que **se debe prestar atención de manera particular a la digestión.** De hecho, puede alterarse por la caída de estrógenos. Por eso este periodo está a menudo acompañado de hinchazón en el vientre, gases e incluso flatulencias. Además, la ausencia de menstruación significa que el cuerpo cuenta con una vía menos de eliminación de desechos. Si mejora la digestión, se facilita el tránsito y, por tanto, la eliminación de desechos a través de las heces. ¡Una mejor eliminación significa menos almacenamiento!

EQUILIBRAR

LA MICROBIOTA INTESTINAL

Una microbiota intestinal equilibrada permite tener una mejor digestión y, por tanto, abordar la pérdida de peso de manera más rápida y sencilla. Más allá de la cuestión del peso, también es sinónimo de buena salud: reducción de las inflamaciones, más energía... Más recientemente se ha demostrado incluso que existe un vínculo entre el equilibrio de la microbiota intestinal y la salud psíquica[2].

> **La microbiota está compuesta por 100 millones de neuronas. Por eso decimos que el intestino es nuestro segundo cerebro.**

Malas bacterias, favorecidas por:
- Antibióticos.
- Estrés.
- Alimentación industrial o demasiado rica en azúcares y en grasas malas.
- Tabaco y alcohol.

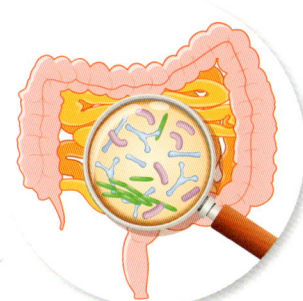

Buenas bacterias, favorecidas por:
- Alimentación rica en fibras (verduras, leguminosas, cereales con IG bajo, psilio...).
- Toma de probióticos.
- Aporte limitado de azúcar.

LA OPCIÓN DE LOS PROBIÓTICOS

A las personas que presentan un perfil de «digestión muy alterada» les recomiendo hacer **una cura de probióticos para acelerar el equilibrio de la microbiota intestinal** (con una alimentación de IG bajo, se hará de manera natural, pero los probióticos aceleran el proceso). Igualmente, si existe estrés o cansancio, la microbiota tenderá a deteriorarse: los probióticos son, por tanto, muy interesantes en estos momentos.

CUIDAR LOS DIENTES

La microbiota intestinal y la salud dental están íntimamente ligadas. Para cuidar la microbiota, es muy importante prestar atención a la higiene bucal: cepillado de dientes dos o tres veces al día y limpieza en el dentista dos veces al año. El ayurveda propone hacer enjuagues bucales con aceite de coco durante cinco minutos y escupir después. La boca estará saneada y los dientes, más blancos.

En mi caso, todas las mañanas al levantarme me limpio la lengua, como aconseja también el ayurveda. Lo hago con una cucharilla, pero se puede comprar un limpiador de lengua o utilizar un cepillo de dientes con cerdas en pico.

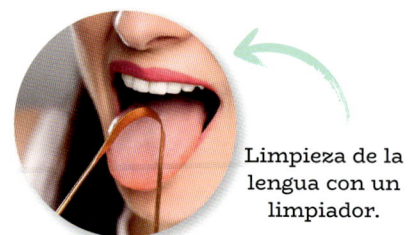

Limpieza de la lengua con un limpiador.

Zoom en... El estreñimiento

El tránsito intestinal es un buen reflejo de la digestión. Si hay estreñimiento de manera crónica, es importante ponerle remedio para no ralentizar la pérdida de peso. El IG bajo para adelgazar será de mucha ayuda.

El estreñimiento es también un signo de emociones que no han sido digeridas. Las personas que no suelen exteriorizar sus emociones están a menudo estreñidas. Por tanto, habrá que encontrar un medio de deshacerse de las emociones que bloquean (ver también pág. 37). Muchas personas muy estreñidas a las que he acompañado en consulta vieron que su tránsito se desbloqueaba en cuanto plasmaban en un papel qué sentían o simplemente tras la consulta, después de haber exteriorizado sus preocupaciones.

Pequeños trucos complementarios:

• Para favorecer la correcta evacuación de heces cuando estamos en el baño, lo ideal es elevar los pies y ponerlos sobre un taburete bajo.

• El psilio ayuda a regular el tránsito, y también a alimentar las buenas bacterias de la microbiota, ya que es rico en fibras. Se puede añadir a cualquier plato: 1 cucharadita en los huevos revueltos de la mañana o en el yogur vegetal de la merienda. Incorporado a la masa de tortitas o de pasteles aportará además esponjosidad.

• Es necesario beber a lo largo del día y fuera de las comidas (de 1,5 a 2 litros diarios).

Hay que evitar estar totalmente saciado

Según el ayurveda, es importante levantarse de la mesa sin estar del todo lleno. Dejar «un poquito de espacio» favorece la digestión.

Después de comer hay que hacerse la siguiente pregunta: ¿cómo me encuentro? Lo ideal es sentir que hemos repuesto energías y no que estamos cansados.

BEBIDAS

PARA FAVORECER LA DIGESTIÓN

INFUSIÓN DE JENGIBRE

Rallamos un trozo de 1 cm de jengibre y lo ponemos en una botella isotérmica (75 cl) con agua caliente para ir tomándolo a lo largo de la mañana.

AGUA Y VINAGRE DE SIDRA

Mezclamos 1 cucharadita de vinagre de sidra bio no pasteurizado en un vaso de agua y lo tomamos antes de dormir.

INFUSIÓN DE ROOIBOS

Antioxidante y excelente para la digestión, esta bebida sin teína es perfecta para tomarla a lo largo de la mañana. ¡Su sabor a vainilla es delicioso!

INFUSIÓN DE MANZANILLA

Además de sus propiedades digestivas, la infusión de manzanilla es excelente también para favorecer el sueño. Recomiendo tomarla durante la mañana y, en caso de dificultades para conciliar el sueño, también por la noche.

AGUA AROMATIZADA

En frío, podemos infusionar hierbas (menta, por ejemplo) y pepino, limón e incluso jengibre. Queda una bebida refrescante para verano y es una buena alternativa a los zumos de frutas y a los refrescos.

¿Cómo optimizar la digestión?

¿Y EL ALCOHOL?

Por supuesto, en el contexto de un proceso de adelgazamiento, es recomendable limitar el alcohol. **Sin embargo, si nos gusta tomar una copa de vez en cuando, aconsejo permitirla para evitar frustraciones.** En este caso, optaremos por el vino (de cualquier tipo, incluido el champán) y evitaremos la cerveza, el ponche o los cócteles, que son muy ricos en azúcar. Además, aconsejo **prestar atención a lo que se come si bebemos.** Normalmente, los aperitivos, muy salados, dan sed y en consecuencia tendremos más ganas de consumir alcohol. Optaremos sobre todo por **aperitivos con IG bajo** (ver ejemplos en págs. 58 y 59).

Otros trucos para una digestión tranquila

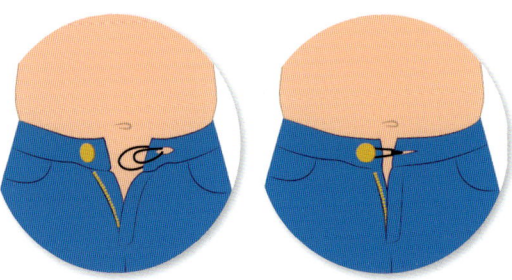

Desabrocharse el pantalón después de comer o poner una gomilla elástica en el ojal haciendo un círculo y pasarlo después alrededor del botón para crear más espacio.

Por la noche, antes de dormir, colocar en el vientre una bolsa de agua caliente o una de huesos de cereza, que se calienta en pocos minutos en el microondas.

«Digerir» bien las emociones

La «digestión» de las emociones es tan importante como la de los alimentos. **Cuanto más capaces seamos de «digerir» las emociones, menor impresión tendremos de estar «comiéndolas».** De hecho, una emoción no digerida provocará un dolor de cabeza que nos dará ganas de compensar con la comida para reconfortarnos.

TOMAR

CONCIENCIA DE LAS EMOCIONES

La mejor manera de «digerir» las emociones es tomar conciencia de ellas. Solo preguntándonos: «¿Cómo me siento hoy» podremos detectar qué emociones nos atraviesan. A continuación algunas maneras de conseguirlo:

1 Conectar con el cuerpo

Si conseguimos conectar con el cuerpo y detectar sus manifestaciones (transpiración, palpitaciones, respiración irregular, nudo en la garganta o en el estómago, dolor de cabeza, mandíbula apretada, manos sudorosas, etc.), podremos saber que una emoción importante nos invade.

Seguro que alguien ha sentido la garganta irritada o la boca seca antes de empezar una entrevista de trabajo, por ejemplo, o que le duele el estómago antes de hacer un examen. El cuerpo tiene mensajes que transmitirnos. La expresión «tener un nudo el estómago» indica a la perfección este vínculo entre la emoción y la reacción del cuerpo.

- Dolor de cabeza
- Sudor frente
- Mandíbula apretada
- Nudo en la garganta
- Respiración irregular
- Palpitaciones
- Nudo en el estómago
- Manos sudorosas

2 Observar los pensamientos

Esta técnica consiste en detectar el contenido del discurso que emerge de los pensamientos (¿es positivo?, ¿negativo?, ¿se centra en algún tema en particular?); nos dará indicaciones sobre nuestro estado emocional. Podemos hacernos las siguientes preguntas: ¿qué pensamientos aparecen con más frecuencia en mi cabeza?, ¿qué situación ha provocado un cambio en mi estado de ánimo? En definitiva, se trata de escuchar lo que nuestra vocecita interna nos cuenta a lo largo del día.

3 Meditar

En nuestra vida todo va muy deprisa y la meditación ayuda a crear un espacio de pausa y de toma de perspectiva sobre el estado emocional propio. Hay muchas maneras de meditar en la vida cotidiana:

→ Cuando sintamos que el estrés va aumentando, podemos utilizar aplicaciones o meditaciones guiadas (disponibles en internet).

→ Meditar a lo largo del día: escuchar música suave cuando vamos en coche, mientras hacemos las tareas de casa o cocinando, cuando paseamos o practicamos una actividad manual. ¡Calma asegurada!

→ Antes de dormir, podemos escuchar música meditativa y dejar que los pensamientos afloren.

→ Las nanas para bebés también son muy calmantes.

Si escribimos en YouTube «música meditación» o «música zen», encontraremos temas propicios para la meditación.

4 Escribir

También podemos anotar en una libreta lo que se nos pase por la cabeza, como si le habláramos a una amiga o a un amigo, para tomar conciencia de nuestras emociones. Asimismo, podemos utilizar la aplicación de notas de nuestro móvil. Otra opción: crear una dirección de correo y enviarnos mensajes a nosotros mismos.

5 Hablar

Expresar las emociones con palabras nos permitirá evacuarlas. Podemos hablar con amigas o amigos, con nuestra madre o nuestro padre, con nuestra pareja o incluso con un profesional (psicólogo, coach...).

6 Practicar una o varias actividades artísticas

La música, las aficiones creativas o el canto también permiten expresar emociones.

Asumir las emociones

Aceptar las emociones ahorra mucha energía, ya que no habrá que luchar contra ellas, sobre todo las que molestan. Nombrarlas ayuda a admitirlas mejor. A continuación, algunas emociones que pueden embargarnos y que podrían estar bloqueadas (y, por tanto, frenarían la pérdida de peso) si no las expulsamos: enfado, miedo, dolor, duda, decepción, sensación de incapacidad, incomodidad, frustración, irritación, desánimo, exasperación...

Es importante no juzgarnos a nosotros mismos y desarrollar la benevolencia todo lo que sea posible. Ni siquiera quien adopta del todo la psicología positiva puede suprimir las emociones negativas. ¡Y menos mal!

Existen dos formas de considerar las emociones negativas:

◊ O nos sentimos abatidos y caemos en un pequeño bajón...

◊ O, por el contrario, **las aceptamos e intentamos entender qué tienen que decirnos.** Estas emociones son, en realidad, un regalo que nos ayuda a ir hacia un mejor conocimiento de nosotros mismos. Una vez que hemos asumido las emociones, las podemos cambiar a positivas **gracias a la transformación de los pensamientos.**

¡Eres el único responsable de tu discurso interior!

Te propongo que reflexiones sobre las emociones de estas últimas horas o días: escribe las emociones y los pensamientos como respuesta a las situaciones que vives, después identifica uno o varios pensamientos alternativos. A continuación, te expongo un ejemplo:

Situación	Emoción(es)	Pensamiento(s)	Pensamiento(s) alternativo(s)
Tomamos un postre de chocolate en el restaurante.	Culpabilidad	«Soy un desastre». «Todo está perdido, soy incapaz de motivarme». «Mañana, cuando me pese, será horrible».	«¡Me lo merezco!». «Saboreo este momento tan agradable». «A partir de mañana, vuelvo a mi rutina. Esto es solo una excepción».
Nos pesamos y hemos ganado 1 kilo.	Duda Decepción	«Ya está, ha empezado el efecto yoyó». «No lo voy a conseguir nunca». «Soy un desastre».	«¡Me voy a poner las pilas!». «1 kilo es poca cosa. En dos días habrá desaparecido». «Me volveré a motivar. Sé que lo voy a conseguir».

¡HORA DE JUGAR!

Situación	Emoción(es)	Pensamiento(s)	Pensamiento(s) alternativo(s)

Una técnica motivadora

Los **pensamientos positivos alternativos** nos ayudarán a generar emociones positivas. De esta manera, conseguiremos volver a motivarnos. Las emociones positivas nos hacen sentir mejor. Tienen efectos físicos sobre el cuerpo e influyen positivamente en la respiración, el pulso, la presión arterial y el nivel de producción de hormonas. En cambio, **las emociones negativas provocan un daño directo** sobre el cuerpo: estrés, angustia, desmotivación, desánimo... Cuanto más capaces seamos de identificar las emociones positivas y de aumentar su cantidad, más facilidad tendremos para neutralizar las emociones negativas.

¿Cómo identificar las emociones positivas?

Para empezar, **anotaremos tres cosas positivas de nuestro día** en nuestra libreta positiva (ver pág. 143). A continuación, adoptaremos el hábito de identificar todas las pequeñas cosas positivas para poder apuntarlas por la noche. En poco tiempo tendremos muchas más de tres.

¿Cómo crear más emociones positivas?

El día en el que tengamos «un bajón» **crearemos más emociones positivas** utilizando medios a nuestro alcance. A continuación, te propongo unos ejemplos:

→ Mirar fotos de gente a la que queremos.
→ Llamar o visitar a una amiga o amigo o a algún familiar que os haga sentir bien.
→ Ver una película que nos guste y que nos haga reír.
→ Escuchar música que nos haga recordar momentos agradables.
→ Llevar un perfume que nos recuerde a un momento agradable de nuestra vida.
→ Seguir a gente positiva en redes sociales y evitar a los que puedan aportarnos estrés.
→ Hacer un cumplido a alguien o hacérnoslo a nosotros mismos.
→ Tener un gesto cariñoso con nuestra pareja o nuestros hijos.
→ Bailar con música animada.

¡HORA DE JUGAR!

Anotaremos tres cosas que pueden hacernos sentir emociones positivas.

1.

2.

3.

Ganas emocionales de comer y compulsiones

Las **ganas emocionales de comer** son muy frecuentes. En el caso de la mayoría de mujeres a las que acompaño, tienen lugar por la tarde, a la vuelta del trabajo, un momento en el que aflora todo el estrés del día. Es cuando aparecen las ganas de algo dulce o de pan/mantequilla/queso e incluso de aperitivos, los famosos «alimentos reconfortantes», que normalmente no hacen buenas migas con un proyecto de adelgazamiento.

Las ganas emocionales de comer también pueden aparecer tras una emoción fuerte que nos desconcierta: si hemos tenido un encuentro algo tenso, si hemos discutido con nuestra pareja o con nuestros hijos, si hemos sentido miedo por algo... Cuando vivimos situaciones así, aunque no tengamos hambre, buscamos algo de alivio en esos alimentos reconfortantes.

En el caso de algunas personas más sensibles (normalmente hipersensibles) y sometidas a estrés, estas ganas de tomar algo pueden transformarse en **compulsiones alimentarias.** Cuando eso ocurre, ingerimos cantidades importantes de comida. Podemos distinguir dos tipos de compulsiones:

→ **Compulsiones fisiológicas o antojos.**
Están vinculados a las ganas irreprimibles de comer. Tenemos hambre y comemos. Gracias a la alimentación con IG bajo y a la consiguiente desintoxicación de azúcar, estos antojos disminuirán de manera considerable y la sensación de hambre desaparecerá.

→ **Compulsiones emocionales.**
Tienen lugar cuando necesitamos consuelo y lo buscamos en la comida, aunque no sintamos hambre.

A continuación, te propongo un método para atenuar las ganas emocionales de comer.

1 Si las ganas llegan, **hay que acogerlas.** Si somos conscientes de lo que está ocurriendo, quizá reduzcamos la cantidad de comida de manera considerable, y puede ser incluso que nos inclinemos hacia alimentos con IG bajo, lo que limitará que ganemos peso. Es una primera etapa.

2 **Nos calmaremos** unos minutos para **preguntarnos qué ha podido desencadenar las ganas de comer:** una conversación que ha reavivado ciertos miedos, un día estresante, un acontecimiento próximo que nos preocupa...

3 **Nos felicitaremos** cada vez que la compulsión sea menos intensa que en anteriores ocasiones o cuando hayamos podido controlarla o impedirla.

De esta manera, **transformaremos este círculo vicioso en un círculo virtuoso,** nos dirigiremos hacia un mayor bienestar y, sobre todo, reduciremos las compulsiones e incluso llegaremos a eliminarlas.

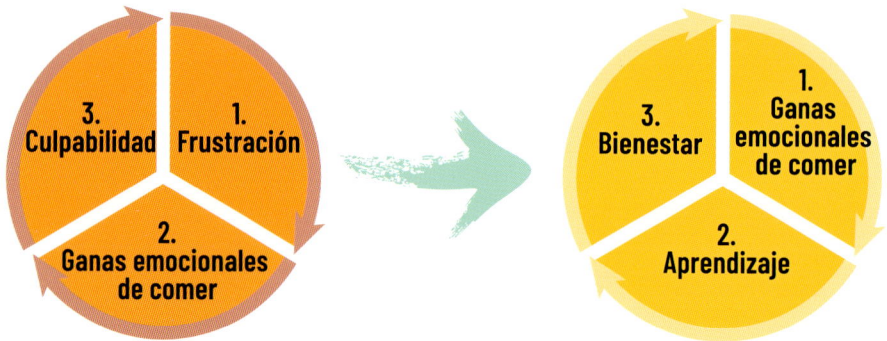

La ilustración de **la libreta positiva** (ver pág. 143) será de gran ayuda para regular estas compulsiones. Podremos centrarnos en lo positivo y menos en la compulsión en sí misma para combatir la culpabilidad.

EN RESUMEN

- Una mejor digestión facilitará la pérdida de peso o relanzará el adelgazamiento si se estanca.
- Una buena digestión ayuda a volver a equilibrar la microbiota intestinal.
- No podemos pasar por alto la digestión de las emociones: el aumento de peso normalmente es emocional.

LAS COMIDAS TIPO

Para comenzar, te propongo revisar todas las comidas de un día. La idea es impulsarnos hacia una alimentación con IG bajo **sin hacernos demasiadas preguntas sobre el índice glucémico de cada alimento** e idear platos de manera fácil y rápida..

El desayuno

Recomiendo tomar **un desayuno salado y proteico** por varias razones:

→ Por la mañana, el nivel de cortisol está al máximo (ver pág. 27).

→ Este tipo de desayuno reduce definitivamente las ganas de azúcar a lo largo del día.

→ Es mucho más saciante: desaparecerá el vacío de las 11 de la mañana y aguantaremos sin problema hasta la hora de comer.

¿Qué alimentos elegir?

◊ **Pan:** apostaremos por panes fabricados con harinas con IG bajo y sin gluten para favorecer una buena digestión. Cuidado con los panes que se venden: habrá que preguntar su composición al panadero, ya que normalmente contienen una mezcla de harinas. Una mujer diabética que tuve en mi consulta me dijo haber analizado su glucemia y haber obtenido resultados elevados tras haber consumido panes que supuestamente estaban elaborados con harinas integrales... Por este motivo, aconsejo hacer el pan en casa: es rápido, más barato y estaremos seguros de qué contiene (ver págs. 75 y 76).

◊ **Crepes o tortitas de trigo sarraceno** con huevo, jamón de pavo, salmón ahumado, aguacate, queso de cabra. Una mujer a la que acompañaba comía la quiche-crepe (ver receta en pág. 99) para el desayuno: ¡también es buena idea!

Si nos cuesta trabajo pasarnos a lo salado por la mañana, una primera etapa consistiría en comer crepes de trigo sarraceno con puré de oleaginosos (grasas buenas) o simplemente oleaginosos. Podemos preparar huevos revueltos o en tortilla versión dulce añadiendo, por ejemplo, canela, algunos trocitos de chocolate de más de un 70 % de cacao o coco rallado.

En mi caso, como huevos revueltos, a veces acompañados de pan de trigo sarraceno o de una crepe. Cuanto menos glúcidos haya, ¡más eficaz será!

A menudo propongo a las mujeres a las que acompaño que hagan esta prueba: comer dulce en el desayuno y comprobar si las ganas de azúcar aumentan a lo largo de la mañana. Si tomamos un desayuno salado, estas ganas de azúcar (o de glúcidos) serán mucho más limitadas.

Muchas mujeres vuelven a mi consulta porque han recuperado algunos kilos. A menudo me doy cuenta de que este aumento de peso tiene que ver con una modificación del desayuno. Lo vi claro en el caso de una de ellas, que había reemplazado su desayuno salado por copos de avena y yogur. Aunque estos alimentos no son demasiado azucarados (en comparación, sobre todo, con los cereales industriales), la carga glucémica de esta asociación es lo suficientemente elevada como para volver a provocar un aumento de peso. Además, la avena contiene gluten, lo que la hace más indigesta.

Ideas para crear tu desayuno

Para el desayuno de adelgazamiento, propongo las recetas siguientes (en el libro de recetas, págs. 72-76 y pág. 99): crepes de trigo sarraceno con huevos revueltos; pan de trigo sarraceno, pan de almendras, quiche-crepe de salmón y espinacas.

Según lo que nos apetezca, también podemos preparar un plato apetitoso con huevos a la plancha, pasados por agua o cocidos, salmón ahumado, jamón, un aguacate, puré de oleaginosos, queso fresco de cabra, hierbas frescas, granos germinados...

EL HUEVO, UN SUPERALIMENTO

Durante mucho tiempo hemos oído decir que había que limitar el consumo de huevos, ya que se suponía que fomentaban las enfermedades cardiovasculares. En realidad, ¡no es así! Muchos estudios lo han comprobado. La yema de huevo contiene mucho colesterol, pero el intestino no lo absorbe por completo.

La casi totalidad del colesterol sanguíneo lo produce el hígado. El colesterol malo (LDL) se acumula si la alimentación es demasiado rica en azúcar y en ácidos grasos saturados. Además, el consumo de huevos hace aumentar el nivel de colesterol bueno (HDL).

Los huevos son un verdadero tesoro de la naturaleza:

◇ Son muy **saciantes.**

◇ Contienen casi todas las **vitaminas y oligoelementos** esenciales.

◇ Son ricos en **proteínas** de calidad.

◇ Son baratos.

En mi caso, como al menos tres cada día y nunca he tenido mejor salud.

Idea preconcebida n.º 3: «Hay que restringir las cantidades y contar las calorías para adelgazar».

Privarnos de comer y limitar las cantidades de alimentos no será eficaz. Tendremos hambre muy pronto después de comer y puede que picoteemos alimentos azucarados. Por tanto, aconsejo hacer una comida tan copiosa como necesitemos. El desafío consiste en **conseguir identificar el momento en el que nos encontramos saciados.** Algunas mujeres a las que acompaño utilizan un plato pequeño. El truco es bueno, siempre y cuando podamos repetir si después de la primera ración seguimos teniendo hambre.

Si ya hemos hecho dieta más veces, probablemente tengamos el reflejo de contar las calorías. En mi opinión, esta práctica puede acentuar el fenómeno «frustración-culpabilidad» en cuanto no apliquemos la «regla». Tendemos a racionalizar la alimentación y a olvidar lo que sentimos. ¡La conexión con el cuerpo y con el hambre es lo más importante!

¿Qué bebidas tomar?

La infusión de jengibre (ver receta en pág. 35) es mágica: es rica en vitamina C, excelente para la digestión, produce una minidesintoxicación cada día. Recomiendo prepararla en una **botella isotérmica de 1 litro para beberla a lo largo del día.** Podemos hacerla la noche de antes si preferimos tomarla a temperatura ambiente.

Por supuesto, también podemos tomar té o café, pero con la alimentación con IG bajo ya no necesitaremos excitantes (cafeína o teína) para tener energía. Si mantenemos el café o el té porque para nosotros son un placer, aconsejo tomarlos sin azúcar. Si podemos elegir, **optaremos por el té,** ya que el café aumenta el nivel de cortisol (ver pág. 27) y, por tanto, también aumenta potencialmente la glucemia.

Evitaremos los zumos de frutas. De hecho, un zumo de fruta contiene el equivalente de varias frutas (tres o cuatro naranjas, por ejemplo). Aunque las frutas son buenas para la salud, son muy ricas en azúcar (fructosa), que eleva mucho la glucemia. De una manera general, es mejor comer las frutas enteras que beber el zumo, que contiene todo el azúcar sin las fibras (que ralentizan la absorción de azúcar). También optaremos por consumirlas en la merienda (ver pág. 53).

Un vaso de zumo de frutas contiene el equivalente a cuatro terrones de azúcar, casi la totalidad diaria de azúcar recomendada por la OMS (25 g, es decir, cinco terrones).

Las comidas tipo

Tomar bebidas azucaradas es una costumbre adquirida desde hace tanto tiempo que ya ni siquiera le damos importancia. A cada uno le corresponde elegir lo que más le conviene.

- → **Cambiar de bebida:** si tomamos café con azúcar, tomaremos té sin azúcar en su lugar.
- → **Disminuir progresivamente la dosis de azúcar** y felicitarnos por cada prueba superada.
- → **Suprimir el azúcar de un día para otro:** será difícil durante unos días, ¡pero enseguida nos acostumbraremos y ya no podremos volver atrás!

Zoom en...
El ayuno intermitente

¿Sin hambre por la mañana? Si es el caso, ¡no hay que forzar la máquina! El ayuno intermitente, que consiste en permanecer 16 horas sin comer entre la cena y la comida del día siguiente, es **muy eficaz.**

¡Cuidado! **No es apto para todos los organismos,** ya que aumenta el nivel de cortisol y, por tanto, el estrés. Si de manera natural no tenemos hambre por las mañanas, seguro que el ayuno nos conviene. Como cada organismo es diferente, lo mejor es probar varias veces antes de adoptar un hábito. Recomiendo hacer la prueba durante un día del fin de semana, cuando sepamos que no tendremos estrés adicional.

Algunas personas que practican el ayuno intermitente por la mañana suelen comer mucho más por la noche porque se van a privar del desayuno. Por este motivo, su sueño puede verse alterado. Con la reintroducción de un desayuno, las cosas se equilibran y la pérdida de peso resulta más sencilla.

Para acelerar la pérdida de peso, podemos planificar un día de ayuno intermitente a la semana, durante el fin de semana o en vacaciones, cuando no estemos muy estresados.

También podemos adoptar **una monodieta, alternativa al ayuno intermitente.** En el desayuno, es sencillo: solo huevos o jamón, por ejemplo, ¡y ya estamos listos para toda la mañana!

¡HORA DE JUGAR!

IDEAS PARA EL DESAYUNO
Anota aquí los desayunos que te gustaría probar.
Puedes encontrar inspiración en el libro de recetas (ver págs. 72-76) o en las publicadas en www.isabelleminceur.com

1.

2.

3.

- Un desayuno salado y proteico reduce de manera natural las ganas de azúcar y sacia durante toda la mañana.

- La infusión de jengibre ayuda a hacer una suave desintoxicación y a cuidar del sistema digestivo.

- Si no tenemos hambre, el ayuno intermitente puede ser una opción, pero solo si no estamos estresados.

La comida

Para comer, recomiendo tomar una **comida lo más simple posible,** compuesta por pocos ingredientes para facilitar la digestión y limitar el almacenamiento de grasas:

◊ **Proteínas** (sobre todo de origen animal: carne o pescado) para sentirnos bien saciados. Son mucho más importantes cuanta más edad tengamos, sobre todo a partir de los 40 años, ya que la masa muscular va disminuyendo poco a poco.

◊ **Verduras en cantidad.** Una mezcla de verduras **saciantes** y verduras **drenantes** (ricas en fibras y diuréticas para favorecer la pérdida de peso) (ver tabla de la página siguiente).

◊ **Grasas buenas:** oleaginosos, aceite de oliva, aguacate... Podemos añadir un poco de queso, preferiblemente de cabra u oveja.

◊ **Salsas con hierbas y especias** como complemento para aportar sabor.

¿CÓMO PREPARAR EL PLATO DE LA COMIDA?

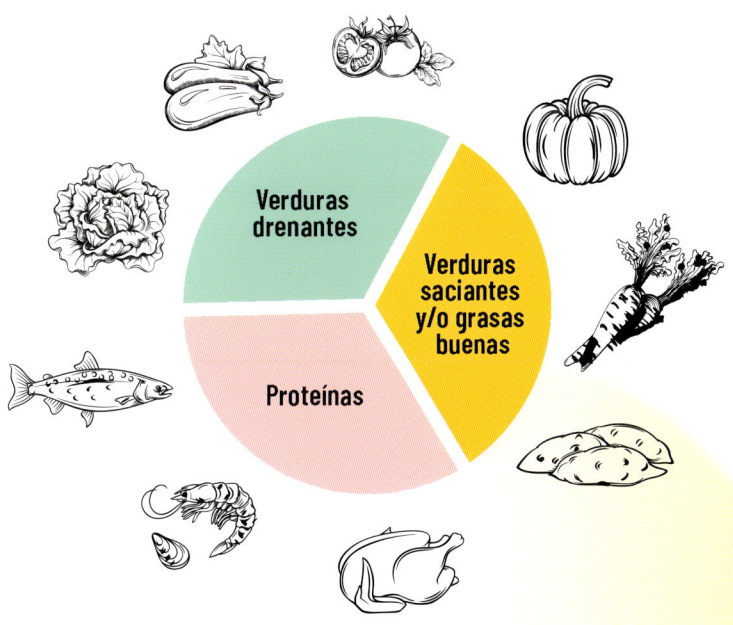

Dejar de lado las féculas en la comida evitará que tengamos «un bajón» dos horas más tarde, ya que la digestión mejorará mucho. De hecho, la asociación de proteínas y féculas es difícil de digerir.

Según las estaciones, variaremos el contenido de nuestros platos. De esta manera, en otoño e invierno es recomendable comer caliente porque, al hacer más frío, el cuerpo ya consume mucha energía para mantener su temperatura interna. Comer caliente ayuda a calentarse y también facilita la digestión. En verano optaremos por ensaladas, que aportan frescura, siempre y cuando, por supuesto, asimilemos bien los alimentos crudos (en caso contrario, optaremos por platos cocinados).

¿QUÉ VERDURAS INCLUIR EN NUESTRO PLATO?

Verduras saciantes	Verduras drenantes
Remolacha, zanahoria, castaña, calabaza (moscada u otra), chirivía, boniato.	Alcachofa, espárrago, berenjena, acelga, apio, champiñones, coles (de Bruselas, pak choi, brócoli), chucrut, calabacín, espinaca, hinojo, judías verdes, puerro, guisantes, pimiento, lechuga, tomate.

Nota: la cebolla, la chalota y las hierbas (cebollino, cilantro, perejil, eneldo...) también tienen propiedades drenantes.

¿PATATA O BONIATO?

Recomiendo evitar la patata por dos razones: tiene un índice glucémico alto y contiene mucho almidón, lo que la hace muy indigesta. La sustituiremos por el boniato, que tiene un IG menor, es más rico en fibras y también se digiere mejor. Las mujeres a las que acompaño consiguen hacer este cambio de hábito con facilidad y no lo consideran engorroso.

¿Cómo hacer que nos gusten las verduras?

Comer muchas verduras es esencial si queremos bajar de peso, ya que aportarán un **máximo de fibra.** ¿Nos cuesta trabajo comer verduras? Puede que nuestra alimentación hasta ahora haya incluido pocas y que consumirlas no nos resulte del todo natural.

Una de las mujeres a las que acompañé tomaba muy pocas verduras porque nunca había tenido el hábito de comerlas. En un primer momento, tuvo que aprender a conocerlas y apreciarlas. De hecho, a apreciarlas también se aprende. Se estima que a un niño hay que darle a probar una verdura por lo menos 15 veces antes de que le empiece a gustar, y lo mismo ocurre con los adultos.

A continuación, te propongo algunos consejos para comer más verdura:

→ Empezaremos con las verduras que ya nos gustan.

→ Luego prueba las que no conoces;

→ Las consumiremos de maneras diferentes:

◊ **Fritas:** la foto de al lado presenta zanahorias fritas, y también se pueden hacer así el apionabo, el calabacín, la berenjena y el boniato.

◊ **Puré:** de apionabo, de brócoli, aunque también podemos hacer mezclas (apio y boniato, judías verdes y boniato, brócoli y zanahoria, boniato y champiñones...). Al puré podemos añadirle un poco de nata vegetal (yo pongo nata de coco, que está deliciosa) y especias (curry, cúrcuma, comino...).

◊ **Salteadas:** verduras variadas con cebolla o chalota para potenciar el sabor (calabacines y cebolla, champiñones y cebolla, fondue de puerro, zanahoria y cebolla, pisto con berenjena, zanahoria, tomate y cebolla). Para el salteado, podemos cortar las verduras de muchas maneras diferentes: en rodajas muy finas con una mandolina, en juliana o en dados. Cortar las verduras muy finas les cambia el sabor y, además, ¡salen deliciosas!

¿Qué proteínas tomar?

A continuación, tienes algunas ideas de proteínas para tus platos. Como hemos visto antes, para la comida recomiendo sobre todo proteínas de origen animal.

Carne roja	Carne blanca	Pescado	Marisco	Legumbres	Huevos
Pato	Pollo	Salmón	Gambas	Lentejas verdes	Huevos de gallina
Cordero	Pavo	Caballa	Langostinos	Lentejas coral	Huevos de codorniz
Cecina	Cerdo	Rape	Vieiras	Guisantes	
Carne de caza	Ternera	Bacalao	Cangrejos	Judías rojas	
Morcilla		Merluza	Almejas	Judías blancas	
Vaca o buey		Trucha	Chirlas	Habas	
Fuagrás		Atún	Berberechos		
Hígado de ternera		Pez espada	Mejillones		
Hígado de ave		Boquerones			
		Sardinas			

Ideas de grasas buenas

Es muy importante consumir con regularidad alimentos que contengan grasas saludables. Los ácidos grasos omega 3 (ver pág. 51) son beneficiosos para la pérdida de peso. Además, es preferible tomar queso (de oveja o de cabra) en la comida. Recomiendo incluir el queso en nuestras recetas; de esta forma el pan no faltará.

A continuación, las grasas buenas que recomiendo:

- → Aceite de oliva o de colza.
- → Aguacate.
- → Tapenade.
- → Nata (o leche) de coco.
- → Queso de cabra o de oveja.
- → Oleaginosos (almendras, nueces, avellanas, anacardo, nueces de Brasil, nueces de macadamia).

Zoom en...
El omega-3

Los ácidos grasos omega 3 son buenos aliados en el proyecto de adelgazamiento, ya que impiden la multiplicación de células grasas. Como nuestro cuerpo no los producen, su aporte a través de la comida es muy importante. También tienen otros muchos beneficios para la salud, sobre todo, reducción de la inflamación y mejora de las funciones cognitivas. Los omega 3 se encuentran en los **pescados grasos** (atún, sardinas, caballa, salmón...), en los **oleaginosos** (almendras, nueces, nueces de Brasil, nueces de macadamia...) y en los **aceites** (lino, colza, camelina...).

Idea preconcebida n.° 4: «La grasa engorda».

Algunas mujeres a las que acompaño no se atreven a comer grasas buenas, convencidas de que engordan. Por supuesto, no se trata de abusar, pero medio aguacate en la ensalada o un puñado de oleaginosos para merendar son muy saciantes y evitarán cualquier antojo o picoteo. De la misma manera, el confit de pato, el fuagrás y la morcilla no tienen por qué excluirse de nuestra dieta.

Si nos gustan estos alimentos, podemos consumirlos sin problema en la comida, acompañados de verduras. De hecho, se trata de una alimentación rica en glúcidos, que engorda si se combinan grasas y glúcidos. Por este motivo, recomiendo consumir grasas buenas a mediodía y féculas por la noche.

Salsas

Estas salsas, muy fáciles de elaborar, potencian el sabor de las verduras y sirven para acompañar a carnes y pescados.

◊ **Pesto adaptado sin lactosa:** 6 cucharaditas de aceite de oliva, el zumo de ½ limón, 10 nueces de macadamia, 10 hojas de albahaca, todo triturado en la batidora.

◊ **Salsa espumosa para verduras:** 3 claras de huevo, 2 cucharadas soperas de mayonesa. Montamos las claras a punto de nieve y les incorporamos la mayonesa cuidadosamente para que no se bajen.

◊ **Salsa cremosa de tomate:** 2 cucharadas soperas de concentrado de tomate, 3 cucharadas soperas de nata de coco. Mezclamos los ingredientes. Usamos la salsa para acompañar verduras verdes o como sustituto de la salsa de tomate envasada.

◊ **Salsa de coco y lima:** 3 cucharadas soperas de nata de coco, el zumo de ½ lima. Mezclamos los ingredientes para acompañar tanto verduras como pescados.

◊ **Salsa para ensalada:** 2 cucharadas soperas de aceite de oliva, 1 cucharada sopera de zumo de limón, ½ chalota picada, sal y pimienta.

Especias que favorecen la digestión

Las especias aportan sabor y evitan los excesos de sal en nuestros platos. Podemos utilizarlas con las legumbres, para marinar la carne o para condimentar las salsas.

◊ **Cúrcuma.** Tiene unas virtudes increíbles. Es antiinflamatoria y facilita la digestión y la reducción de las grasas, protege el hígado y frena los picos de glucemia.

◊ **Curry.** Esta mezcla de especias (jengibre, cúrcuma, cardamomo, mostaza...) es perfecta para favorecer el bienestar digestivo. Para atenuar su sabor más bien fuerte, suelo mezclar el curry con otras especias. Más o menos picante, realzará cualquier plato.

◊ **Comino.** Favorece la digestión y ayuda a regular la glucemia. Esta especia va muy bien con la zanahoria.

ELABORAR BUENAS ENSALADAS

Las personas que afrontan un plan para perder peso suelen preparar más ensaladas. Normalmente, esas ensaladas están compuestas, en su mayoría, de crudités, lo que no es una buena idea. Si consumimos demasiadas verduras crudas, corremos el riesgo **de perder masa muscular y no grasa,** y también de retener líquidos. Para evitar estos inconvenientes, es importante que **añadamos a nuestras ensaladas una buena cantidad de proteínas y de grasas buenas.** Si tenemos problemas digestivos, al principio evitaremos las ensaladas verdes y las verduras crudas, que son más indigestas, y optaremos por alimentos cocidos.

¡HORA DE JUGAR!

IDEAS PARA LA COMIDA
Aquí anotaremos las recetas que queremos probar en la comida.
Hay ideas en el libro de recetas (ver págs. 79-91) y también
en www.isabelleminceur.com

1.

2.

3.

- Hacer una comida lo más simple posible mejorará la digestión y favorecerá la pérdida de peso.
- Optar por las proteínas, las verduras y las grasas buenas para digerir bien y evitar el «bajón» dos horas después de comer.
- Añadir especias, hierbas o alguna salsa ayudará a elaborar platos muy apetitosos.

La merienda

Recomiendo pasar el postre a la merienda. ¿Por qué? Por dos razones:

→ Digeriremos mejor la comida y tendremos más energía.
→ Será nuestro momento de darnos el gusto, una pausa placentera en medio de un día a menudo agotador.

Para las meriendas te recomiendo que elijas una de estas opciones:

◊ **Fruta con chocolate negro con un mínimo del 70 % de cacao** troceado, en pepitas o fundido, acompañado de un puñado de oleaginosos (nueces de macadamia, de Brasil, anacardos, almendras, etc., preferiblemente crudas, ni tostadas ni saladas). Añadir grasas buenas a lo dulce favorece la bajada de la glucemia.

◊ **Yogur vegetal, de oveja o de cabra** con frutas y/o pepitas de chocolate negro con un mínimo del 70 % de cacao.

De vez en cuando, por ejemplo, dos veces a la semana, podemos preparar un pastel o algún otro postre con IG bajo (ver recetas en págs. 107-112) e incluso una copa helada con sorbete 100 % de frutas congeladas trituradas en la batidora (plátano y mango, frutos rojos...), chocolate con un mínimo del 70 % de cacao y arándanos.

Idea preconcebida n.º 5: «Merendar engorda».

A partir de las cuatro de la tarde, comer dulce tiene menor impacto en la ganancia de peso, ya que el **cortisol** (ver pág. 27) está más bajo. Además, una pausa para la merienda permite recuperar un poco de energía y sentirse saciado hasta la hora de cenar. Si merendamos, reduciremos de manera significativa las ganas emocionales de comer o las compulsiones del final del día.

Las comidas tipo

**Zoom en...
El chocolate**

Muchas mujeres que vienen a mi consulta adoran el chocolate, lo que es comprensible porque es delicioso. Por eso a menudo se encuentran con dos dificultades: llevan mal pasarse al chocolate negro y no saben cómo limitar la cantidad de lo que comen (a veces se toman toda una tableta).

Si estás en ese caso, te aconsejo empezar por **acostumbrarte al chocolate negro** (si te da el antojo de comerte toda una tableta, será mejor que si es chocolate con leche). Hazlo progresivamente. **Prueba varias marcas,** porque el sabor varía mucho de unas a otras. Yo ahora solo como chocolate al 90 % de cacao ¡y no podría prescindir de él!

Una vez que te hayas acostumbrado al chocolate negro, puedes dividir **la tableta en porciones** con la cantidad que vayas a querer tomar al día. Esto te ayudará a limitar lo que comes. Haz lo mismo con los dulces caseros. Si temes comer de más, también puedes congelarlos en raciones individuales.

De todas maneras, ten en cuenta que los antojos de chocolate pueden ser un **síntoma de falta de magnesio.** Si es tu caso, te aconsejo que adquieras algún suplemento.

Frutas: cuáles comer y en qué cantidad

Las frutas están repletas de vitaminas y minerales, pero es importante evitar comerlas en grandes cantidades. Por supuesto que son mejores que la bollería industrial, pero los efectos en tu línea pueden ser idénticos. Limita tu consumo a dos frutas al día para tomarlas como merienda con algunos oleaginosos o un yogur para bajar la carga glucémica global.

Algunas frutas tienen más azúcar que otras, por ejemplo, las ciruelas pasas, los plátanos maduros, las cerezas y las uvas, pero si te gusta comerlas de vez en cuando, no te prives. ¡Es una cuestión de equilibrio y de cantidad!

Algunas frutas son menos indigestas que otras: las de fibra insoluble (por ejemplo, la piel de las manzanas) pueden causar hinchazón a un sistema digestivo sensible. Prueba distintas frutas y elige las que más te gusten... y las que mejor se porten contigo.

¡HORA DE JUGAR!

IDEAS PARA LA MERIENDA
Anota tus ideas para picar en la merienda.
Puedes buscar inspiración en mis propuestas del recetario
(ver págs. 107-112) o en www.isabelleminceur.com

1.

2.

3.

- Pasar el postre a la merienda nos proporcionará una pausa placentera en mitad del día.
- De esta manera, tendremos menos hambre a la hora de la cena.
- El principio de la tarde es el momento ideal para comer alimentos más dulces.

La cena

Recomiendo un plato compuesto por los siguientes alimentos:

→ **Féculas (o similares) con IG bajo (ver pág. 56): un cuarto del plato.** Favorecen el sueño, ya que contienen triptófano, un precursor de la melatonina (hormona que facilita la conciliación del sueño). La asociación de proteínas-féculas es más acertada por la noche: tendremos toda la noche para digerirlas, al contrario de lo que ocurre durante la tarde, que tenemos que mantenernos activos. Es importante elegir féculas sin gluten, que digeriremos mejor.

→ **Verduras drenantes (ver pág. 48): la mitad del plato.** Contribuyen a bajar la carga glucémica del plato gracias a las fibras que contienen.

→ **Proteínas poco grasas: un cuarto del plato.** Carne blanca, proteínas vegetales (es decir, leguminosas, como lentejas, garbanzos, judías rojas o blancas...), huevos e incluso pescado para favorecer un sueño reparador: son alimentos también ricos en triptófano. Evita la charcutería y las carnes grasas, ya que son más difíciles de digerir, lo que puede alterar la calidad del sueño.

Habrá que esforzarse para cocinar algunas recetas. Si nos limitamos a poner alimentos al vapor sobre el plato sin ningún tipo de aderezo, nos resultarán demasiado aburridos.

Idea preconcebida n.º 6: «Es obligatorio comer muy ligero por la noche y solo verduras».

Muchas mujeres a las que acompaño normalmente comen demasiado poco por la noche: una ensalada a base de vegetales crudos, una sopa o verduras. Este tipo de platos no son lo suficientemente saciantes y, sobre todo, nos harán pasar una mala noche. Como hemos visto más arriba, es importante comer alimentos ricos en triptófano para facilitar un sueño reparador. La cena también tiene que ser saciante para no caer en la tableta de chocolate a las diez de la noche, cuando estamos viendo una película, y para evitar despertarnos en mitad de la noche porque tenemos hambre.

¿CÓMO PREPARAR EL PLATO DE LA CENA?

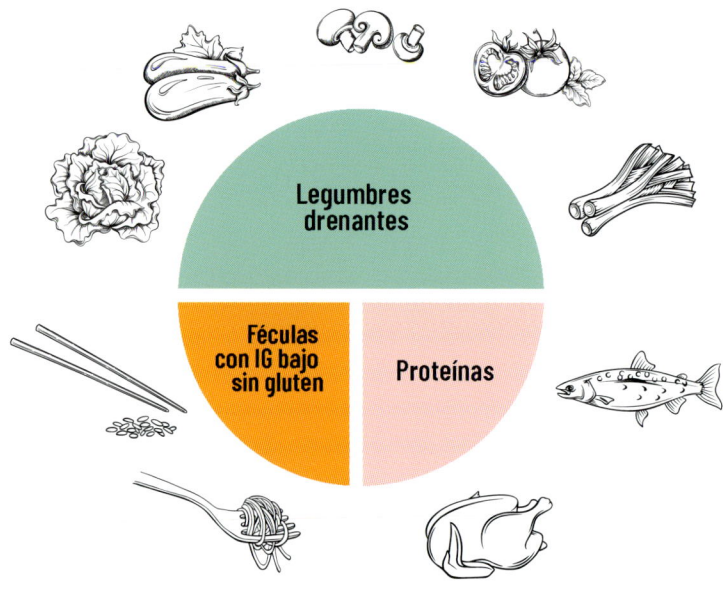

¿Qué féculas (o similares) elegir para la cena?

Optaremos por féculas con IG bajo y sin gluten.

Arroz integral
Arroz negro
Arroz basmati
Pasta de arroz integral
Trigo sarraceno (para preparar gachas o crepes; fideos soba...)
Quinoa blanca o roja

Cuidado con las féculas integrales: algunas pueden ser un poco difíciles de digerir para los intestinos sensibles y provocar diarreas o dolores de tripa.

En ese caso, optaremos por el arroz basmati (para reemplazar el arroz integral) y por la quinoa blanca (mejor que la roja).

LOS BENEFICIOS DEL TRIGO SARRACENO

El trigo sarraceno, también llamado «trigo negro», es un alimento que recomiendo muy a menudo, sobre todo para hacer **crepes,** que gustan mucho. También podemos comer **trigo sarraceno pelado o tostado** (para preparar gachas) como fécula o utilizar su harina para hacer pan.

En Japón, los **fideos soba** se hacen a base de trigo sarraceno (habrá que fijarse bien en su composición: tienen que tener un 100 % de trigo sarraceno). Si infusionamos granos de cereal en agua hirviendo, obtendremos la **sobacha,** una bebida desintoxicante y antioxidante.

Desde el punto de vista dietético, el trigo sarraceno es muy interesante por varias razones. No contiene gluten, por lo que se digiere muy bien, es muy saciante, muy rico en fibras y en magnesio y, además, tiene un IG bajo.

¿CÓMO BAJAR EL ÍNDICE GLUCÉMICO DE LAS FÉCULAS?

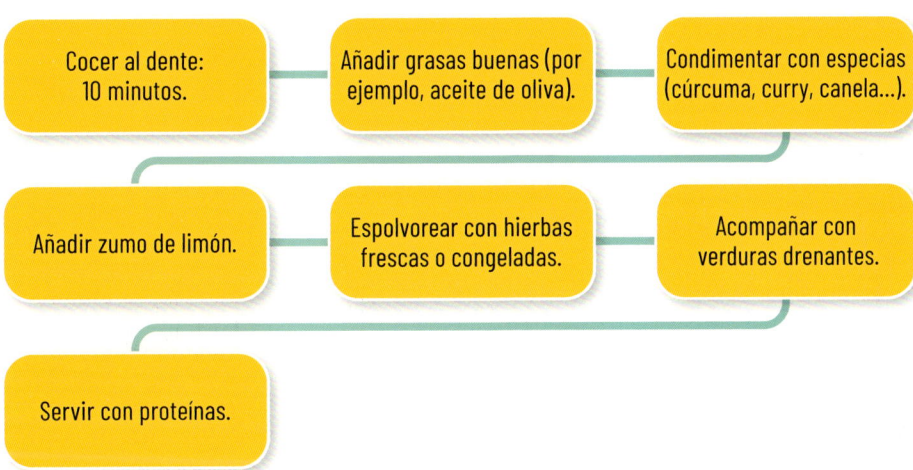

Cocer al dente: 10 minutos.

Añadir grasas buenas (por ejemplo, aceite de oliva).

Condimentar con especias (cúrcuma, curry, canela...).

Añadir zumo de limón.

Espolvorear con hierbas frescas o congeladas.

Acompañar con verduras drenantes.

Servir con proteínas.

Idea preconcebida n.º 7: «Para adelgazar, hay que suprimir las féculas».

Algunas dietas eliminan por completo las féculas. Es evidente que si suprimimos las féculas (y cualquier otra fuente de glúcidos, incluidos los dulces), perderemos peso muy deprisa. Pero no creo que esta solución sea sostenible a largo plazo, ya que, por una parte, estos alimentos nos gustan mucho y, por otra parte, consumir féculas evita caer en la tentación de alimentos con más azúcar. Se trata solo de reducir su cantidad y de comerlas en el momento adecuado. En mi método, conservamos las féculas con IG bajo y sin gluten para la cena.

¡HORA DE JUGAR!

IDEAS PARA LA CENA

Aquí anotaremos las recetas que queremos probar en la cena. Hay ideas en el libro de recetas (ver págs. 79-91) y también en www.isabelleminceur.com

1.

2.

3.

EN RESUMEN

- La cena es el momento ideal para consumir féculas con IG bajo, que además facilitan un sueño reparador.
- Hay trucos para reducir el IG de las féculas.
- No hay que olvidar incluir algo de proteína y verduras drenantes.

SOBRE

UNA CENA DE PICOTEO

Una cena de picoteo es una opción agradable si invitamos a amigos o, simplemente, si no queremos estar demasiado tiempo en la cocina. A continuación, te propongo ideas para hacer una cena de picoteo con IG bajo.

PANISSE

La *panisse* es una pasta de harina de garbanzo de origen provenzal que se puede tomar en forma de bastoncitos, tostas o galletitas saladas. Podemos usarla para reemplazar los panecillos para canapés y la podemos preparar en casa.

BASTONCITOS DE CRUDITÉS

Para untar con tapenade.

TARRINAS DE AGUACATE

Se pueden aderezar
con huevas de trucha,
por ejemplo.

GAMBAS MARINADAS

En zumo de limón,
aceite de oliva y
hierbas (cilantro,
perejil...).

CECINA CON BROTES GERMINADOS O CRUDITÉS

Podemos servir la cecina con pepino o
con brotes germinados, por ejemplo.

ROLLITOS DE CREPE DE TRIGO SARRACENO

En una sartén al fuego
ponemos un huevo batido
sobre una crepe de trigo sarraceno. Después, añadimos una
loncha de jamón de pavo y lo
cocinamos durante 2 minutos.
Enrollamos la crepe y la cortamos en pequeñas rodajas.

ROLLITOS DE JUDÍAS VERDES Y JAMÓN

Y también aceitunas, oleaginosos (nueces,
avellanas, nueces de Brasil, nueces de
macadamia...), tapenade, guacamole...

¿QUÉ PEDIR EN EL RESTAURANTE?

Cuando invitamos a alguien o nos invitan, en vacaciones o durante las fiestas, ¡hay que disfrutar del momento! Si tenemos ganas de un pastel, es importante saber concedérselo y saborearlo; ya retomaremos la rutina al día siguiente.

Muy a menudo, nuestro cuerpo nos pedirá volver a la alimentación con IG bajo. Esto es lo que dicen muchas mujeres a las que acompaño. De esta manera, aunque hayamos recuperado 2 kilos, los perderemos enseguida, en cuanto volvamos a nuestra rutina alimentaria con IG bajo. Lo importante es hacerlo sin sentirnos mal, ya que la frustración y la culpabilidad irritan el cuerpo y frenan la pérdida de peso.

Las comidas en un restaurante son «excepcionales», salvo que vayamos a diario, pero eso es algo muy infrecuente. En estas situaciones, tenemos tres opciones:

1 **No comer con IG bajo y retomar la rutina en los días siguientes.** En este caso, el impacto sobre la pérdida de peso será mínimo si es algo que no se repite varios días seguidos. Además, nos daremos cuenta de que, si seguimos una alimentación con IG bajo, no nos apetecerá volver a una alimentación «clásica», ya que probablemente sentiremos mucha pesadez en cuanto nos levantemos de la mesa. Muchas mujeres a las que acompaño lo afirman: si tienen la opción de hacer una comida más «pesada», la disfrutan menos y suelen rechazarla.

2 **Elegir un «punto medio».** Por ejemplo, una pizza o una hamburguesa con ensalada. En general, si añadimos ensalada (o verduras verdes) a un plato con IG alto, reduciremos su carga glucémica. Pensaremos en esto si nos damos un pequeño capricho.

Pizza y ensalada

Hamburguesa y ensalada

3   **Comer con IG bajo.** Sí, es posible comer con IG bajo en un restaurante y disfrutarlo. En general, elegiremos la opción «entrante + plato» que «plato + postre». No dudaremos en pedir que nos cambien la guarnición, por ejemplo, judías verdes o pisto en lugar de puré o pasta. ¿Y si tenemos muchas ganas de tomar postre? Elegiremos un sorbete o una copa de frutas en lugar de helado o pastel.

En el restaurante chino

Como entrante, pediremos una ensalada china con pollo o gambas. Como plato principal, las gambas, la ternera o el pollo salteado son muy buenas opciones. Como acompañamiento, optaremos por mezclas de verduras salteadas.

La fondue china (hot pot u olla caliente), con su caldo en el que cada comensal puede elegir entre diferentes ingredientes, es saludable y está deliciosa. En cuanto al arroz o los fideos, intentaremos reducir la cantidad u optar por el arroz basmati. Si nos gustan los raviolis, también limitaremos la cantidad (la masa está hecha a base de harina de arroz, que tiene un IG alto) y optaremos por raviolis al vapor o fritos.

Evitaremos los nems, el arroz glutinoso y los buñuelos, cuyo IG es muy alto..

En el restaurante italiano

Disfrutaremos con los *antipasti:* verduras asadas o marinadas, charcutería o marisco. La *saltimbocca,* a base de lonchas finas de ternera enrolladas en tocino y salvia, es un plato excelente. Solo habrá que tener cuidado con el acompañamiento: si es pasta, pediremos que la cambien por verduras. Una ensalada italiana con rúcula, mozzarella, tomates, verduras marinadas y charcutería italiana también es una delicia. Si queremos tomar un plato de pasta, recomiendo la de verduras (pasta verde): los vegetales bajarán el IG total.

En el restaurante japonés

Podemos elegir entre una sopa miso, rica en probióticos que reforzará la microbiota intestinal, y el edamame, granos tiernos de soja que se sirven como entrante y que es un superalimento rico en fibras, vitaminas y potasio. Podemos disfrutar de una sabrosa ensalada de col (una estupenda verdura drenante y adelgazante). Los sashimis o las brochetas aportarán las proteínas que nos saciarán y que equilibrarán el conjunto.

Evitaremos el sushi, cuyo arroz avinagrado es muy rico en glúcidos. Si nos gusta mucho, reduciremos la cantidad y lo acompañaremos con verduras.

En una crepería

La crepería es una de las mejores opciones para comer con IG bajo. Las crepes de trigo sarraceno, que se sirven normalmente con ensalada, son un plato con IG bajo. Como postre, podemos pedir una crepe de trigo sarraceno con miel y limón, por ejemplo.

EN RESUMEN

- La alimentación con IG bajo nos permite comer en un restaurante.
- Una comida que no sea de IG bajo en un restaurante no es ningún problema si retomamos la rutina enseguida.
- Muy pronto nos apetecerá comer con IG bajo, incluso en los restaurantes, ya que con estos alimentos nos sentiremos mucho mejor después de comer.

SABER ORGANIZARSE

«Lo más difícil es decidirse a actuar, el resto no es más que
tenacidad».

Amelia Earhart

El aspecto en común de todas las personas a las que acompaño y que han
logrado sus objetivos es que consiguen organizarse bien en su vida cotidiana.
De hecho, para adoptar una alimentación con IG bajo para adelgazar, hay que
dedicar más tiempo a planificar las comidas y a cocinar.

Sacar tiempo para cocinar en casa

¿Nuestra agenda está muy llena? ¿No tenemos tiempo para cocinar?
Empezaremos anotando todo lo que hacemos durante un día, lo que nos
quita tiempo y que podríamos reducir. Como ayuda, sugiero completar la
siguiente tabla:

¡HORA DE JUGAR!

Actividad que puedo eliminar	Tiempo dedicado semanalmente
Ver una película o una serie por la noche.	
Pasar tiempo en las redes sociales.	
Hacer horas extra innecesarias.	
Ir de compras sin tener nada que comprar.	
Limpiar u ordenar demasiado.	
Otras...	
Total del tiempo dedicado	

«Si se trata de una prioridad, ¡siempre encontramos tiempo!».

Isabelle

Hay muchos trucos para cocinar en casa sin que nos lleve mucho tiempo:

→ Comprar productos crudos congelados y troceados (sobre todo verduras), leguminosas o verduras en conserva.

→ Contar con los huecos semanales para cocinar platos para toda la semana (batch cooking).

→ Cocinar grandes cantidades y congelar pequeñas porciones.

→ Elaborar una lista de recetas rápidas y fáciles para prepararlas regularmente (cuantas más veces cocinemos una receta, más deprisa podremos reproducirla).

→ Planear el menú semanal durante el fin de semana para no tener que pensarlo en el momento de la comida.

Planificar y elaborar el menú

Planear el menú nos evita ese momento de soledad delante del frigorífico a las ocho de la noche («¿Qué hago para cenar?»), que se resuelve a menudo con la preparación de un plato de pasta con salsa de tomate. De esta forma, también aligeramos nuestro estrés mental, ya que, una vez que la planificación está hecha, no tenemos que volver a pensar en qué comer. En definitiva, evitaremos el derroche y ahorraremos, ya que haremos la compra en función del menú.

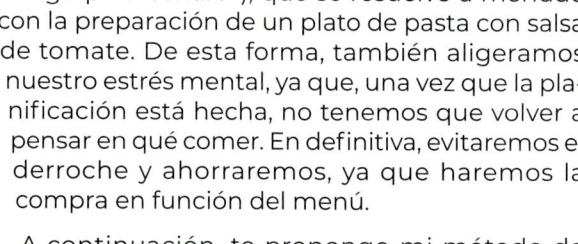

A continuación, te propongo mi método de organización:

ETAPA 1

Encontrar ideas: libros, Pinterest, Instagram, etc. Podemos seguir cuentas que compartan recetas con IG bajo e incluso el #igbajo. Recomiendo hacer capturas de pantalla con el móvil cuando alguna receta nos interese. Poco a poco, iremos creando nuestra propia biblioteca de recetas con IG bajo.

ETAPA 2

Organizar las recetas en un lugar concreto: las notas en el móvil, una libreta específica, una carpeta...

ETAPA 3

Establecer la planificación. Recomiendo reservar **un día concreto de la semana** para esta tarea; así, se convertirá en una rutina.

EJEMPLO DE PLANIFICACIÓN DE MENÚ

A continuación, un ejemplo de planificación semanal a partir de recetas conte-nidas en este libro (págs. 71-112). Compuesto, sobre todo, por:

→ **Dos meriendas placenteras ++** con pasteles de IG bajo (miércoles y domingo).

→ **Una cena placentera ++** el sábado por la noche con un plato de pasta, que podemos acompañar con ensalada para bajar el IG total. Esta cena puede ser también una invitación o una salida a un restaurante.

→ **Pescados grasos y unos oleaginosos** por su aporte de omega 3 (ver pág. 51).

Para aliviar la carga mental, te sugiero también una **planificación global** que integra otros elementos (ver pág. 163).

	Lunes	Martes	Miércoles	Jueves	Viernes	Sábado	Domingo
Comida	Lomo de salmón, fondue de puerros y guacamole	Pollo con leche de coco y citronela	Chucrut del mar (con pescado en vez de con carne)	Asado de ternera, puré de boniato y judías verdes	Calabacines rellenos a la boloñesa	Escalope de pavo y verduras de verano	Parmentier de pato versionado
Merienda	1 puñado de almendras*, 2 onzas de chocolate negro, 1 puñado de arándanos	1 yogur vegetal, 1 puñado de nueces de macadamia*, 2 onzas de chocolate negro	Mug cake con pepitas de chocolate	1 yogur vegetal, 1 puñado de anacardos*, 2 onzas de chocolate negro	1 puñado de almendras*, 2 onzas de chocolate negro, 1 pera	1 puñado de avellanas*, 2 onzas de chocolate negro, 1 kiwi	Delicias de crema con chocolate
Cena	Crepes con aguacate, cecina y rúcula	Terrina de cecina a la italiana	Pizza saludable y ensalada verde	Ensalada de salmón y palmito y crema de alcachofas	Quiche-crepe de salmón y espinacas y ensalada verde	Espaguetis de arroz integral a la boloñesa y ensalada verde	Tostas de aguacate con salmón ahumado y rúcula

*Recomiendo tomar los oleaginosos al natural: ni tostados ni salados.

Ordenar los armarios y el frigorífico

El objetivo es ir sustituyendo poco a poco los alimentos por sus equivalentes con IG bajo. A continuación, te pongo algunos ejemplos:

- Chips de patata ⇒ chips de trigo sarraceno y de boniato.
- Galletitas saladas ⇒ oleaginosos.
- Harina de trigo ⇒ harina de coco, de garbanzo y de trigo sarraceno.
- Queso y yogures de leche de vaca ⇒ queso y yogures de leche de oveja y de cabra, yogures vegetales poco o nada azucarados.
- Nata fresca ⇒ nata de coco y de almendra u otra bebida vegetal.
- Leche de vaca ⇒ bebida de coco y de almendra u otra bebida vegetal.
- Chocolate con leche o blanco ⇒ chocolate negro con un mínimo del 70 % de cacao.
- Masas para pasteles ⇒crepes de trigo sarraceno.
- Pasta de trigo ⇒ pasta de leguminosas, de arroz integral y de trigo sarraceno.
- Arroz blanco ⇒ arroz basmati, arroz integral, arroz negro, quinoa y trigo sarraceno.
- Patata ⇒ boniato y calabaza.
- Pan de trigo ⇒ pan de trigo sarraceno (ver pág. 75), pan de almendras (ver pág. 76), crepes de trigo sarraceno.

Hacer la compra

Recomiendo hacer la compra en dos sitios: en el mercado los productos frescos y en un establecimiento especializado los congelados, pero a falta de tiempo se puede conseguir todo en el supermercado. Las **compras a través de internet** son muy prácticas, ya que nos permiten hacer listas que podemos volver a utilizar de una semana a otra, lo que nos evitará caer en la tentación de comprar otros productos. También ganaremos muchísimo tiempo y ahorraremos dinero. Asimismo, es posible pedir productos congelados por internet.

LISTA DE IMPRESCINDIBLES (PARA MI GUSTO)

◊ **Para el desayuno:** jengibre, huevos, jamón de pavo, trucha o salmón ahumado, aguacate, crepes de trigo sarraceno.

◊ **Para la comida:** verduras, latas de sardinas o caballa, huevos, carne (sobre todo blanca y también pato e incluso morcilla en invierno), pescado o crustáceos (los congelados están muy bien).

◊ **Para la cena:** leguminosas (lentejas, judías rojas o blancas, garbanzos) y féculas con IG bajo sin gluten (arroz negro, arroz integral, pasta de arroz integral, quinoa), cecina, salmón ahumado.

◊ **Para la merienda:** frutas, yogures de oveja o de cabra, harinas con IG bajo (coco, garbanzo, trigo sarraceno), aceite de coco, chocolate negro al 70 % de cacao, oleaginosos.

◊ **Para las salsas:** especias (curry, cúrcuma), leche o nata vegetal (coco, almendra, anacardo), tomate triturado, aceitunas, tapenade.

LAS ETIQUETAS

Saber leer las etiquetas nos ayudará a elegir bien cuando hagamos la compra. A continuación, un ejemplo de la composición de una **tableta de chocolate con leche.** Primero, la lista de ingredientes:

Ingredientes: azúcar, aceite de copra, mantequilla de cacao, LECHE en polvo, pasta de cacao, LACTOSA, LECHE desnatada en polvo, MANTEQUILLA DE LECHE concentrada, emulsionante (lecitina de SOJA), AVELLANAS, ALMENDRAS, extracto de malta de CEBADA, aromas, saborizante natural de vainilla.

El azúcar es aquí el ingrediente predominante, dado que aparece en el primer lugar de la lista. Es conveniente elegir productos con una **lista de ingredientes corta** y que conozcamos (los «E» y otros conservantes son muy malos para la microbiota intestinal). Los **ingredientes que encabezan la lista** son aquellos cuya cantidad es mayor: por tanto, si el azúcar aparece entre los primeros ingredientes, es mala señal.

También es muy importante prestar atención **a los valores nutricionales.**

Esta tableta contiene glúcidos **por más de la mitad de su peso** (45 g por cada 100). Es importante fijarse bien en el valor «Glúcidos», que nos informa sobre la cantidad total de azúcares que contiene el alimento. El valor «(de los cuales azúcares)» corresponde a los azúcares presentes de manera natural en los alimentos (miel, frutas...) o añadidos. Aquí tenemos 44 g de azúcares por cada 100 g: casi la totalidad de los glúcidos está compuesta por azúcares añadidos, ya que el primer ingrediente de la etiqueta es «azúcar».

Valores nutricionales (100 g/ml)	
Valor energético	2 575 kJ/620 kcal
Materias grasas	46 g
(de las cuales saturadas)	33 g
Hidratos de carbono	45 g
(de los cuales azúcares)	44 g
Proteínas	5 g
Sal	0,19 g
Fibra alimentaria	2,8 g

La tableta contiene también **muchos ácidos grasos saturados** (pone 33 g sobre 100 g): las «grasas malas». De hecho, el segundo ingrediente de la lista es «aceite de copra», muy rico en ácidos grasos saturados.

Hay **muy pocas fibras** (que alimentan las bacterias buenas de la microbiota intestinal y bajan el IG): solo 2,8 g por 100 g. También, **muy pocas proteínas** (que bajan el IG total): 5 g por 100 g.

ALIMENTOS BIO Y PRODUCTOS DE TEMPORADA

Por supuesto, para nuestra salud es preferible elegir alimentos bio y comer verduras de temporada. Sin embargo, lo bio suele ser bastante caro, lo que no siempre es compatible con nuestro presupuesto. Además, a veces, hay que adquirirlo en tiendas distintas, lo que conlleva mucho tiempo. Ocurre lo mismo con los alimentos de temporada: si no nos gusta la coliflor, no hay que esforzarse por comerla en invierno.

Siempre lo digo: para mantener esta alimentación a largo plazo, es esencial comer con placer. Por tanto, **recomiendo no presionarse con estos asuntos.** ¡Cocinar en casa y comer muy pocos alimentos industriales es lo más importante! Creo que hay que saber elegir las batallas para no rendirse. Y por último, cuidado con los alimentos industriales que llevan la etiqueta bio: a veces pueden traer sorpresas...

Tener buenos utensilios

→ **Recipientes de cristal** de diferentes tamaños para conservar los alimentos para el *batch cooking.*

→ Una **mandolina** para cortar las verduras finas en pocos minutos. Así se cocinarán más deprisa.

→ Una **vaporera** para cocer las verduras de manera sana y rápida. La que yo uso es de tamaño pequeño, perfecta para tres o cuatro personas y muy fácil de lavar.

→ Si comemos en la oficina, el **túper** es un utensilio que nos será de gran utilidad. Algunos modelos conservan el calor varias horas o son aptos para calentar la comida en un microondas.

Esta manera de cocinar no solo es rápida. Una vez que las verduras están troceadas (¡sobre todo si las hemos cortado con la mandolina!), estarán cocidas en un máximo de 10 minutos (como la pasta) y mantendrán el sabor y todas sus propiedades nutricionales (como las vitaminas y los minerales).

Unirse al *batch cooking*

Con el fin de ahorrar tiempo, recomiendo el *batch cooking* para cortar y cocer verduras o féculas. De esta manera, el día que las vayamos a utilizar solo habrá que reunirlas. También podemos elaborar con antelación cazuelas, quiches-crepes, etc. Como con la planificación, recomiendo hacerlo siempre el mismo día de la semana con el objeto de **crear una rutina.** En mi caso, normalmente lo hago el domingo por la noche.

¡HORA DE JUGAR!

He decidido hacer mi planificación de menú el día ....

He decidido hacer *batch cooking* el día ....

EN RESUMEN

- Una buena organización nos ayudará a adoptar esta nueva alimentación de manera muy sencilla.
- La primera etapa consiste en elegir y dedicar tiempo de nuestra agenda.
- Habrá que elaborar una planificación del menú: ¡es la clave del éxito!
- Hacer la compra también será mucho más fácil.

Libro
de recetas

En las siguientes páginas, te propongo una selección de recetas elegidas de entre las que más les gustan a las mujeres a las que acompaño. Son muy sencillas y rápidas de hacer. Estas recetas están clasificadas por tipo de comida para ponerlo aún más fácil a la hora de elaborar la planificación del menú semanal. También incluyo algunas variaciones para adaptarlas a diferentes gustos.

Al final del libro hay espacio para anotar otras versiones, recetas que hayamos encontrado o las que mejor nos hayan salido. Estoy segura de que, poco a poco, cocinar te resultará cada vez más placentero.

Para más ideas de recetas, se puede consultar mi página: www.isabelleminceur.com

INGREDIENTES

1 crepe de trigo sarraceno
(trigo negro)

2 o 3 huevos

Perejil picado
(opcional)

Sal y pimienta

Crepe de huevos revueltos cremosos

> PARA 1 PERSONA

PREPARACCIÓN Y COCCIÓN: 10 MINUTOS

1. En un bol, cascamos los huevos (2 o 3, según nuestro apetito) y mezclamos bien, pero sin batir.

2. En una cacerola, ponemos los huevos a fuego medio. Salpimentamos. Vamos removiendo con las varillas hasta que los huevos espesen.

3. Apagamos el fuego: el preparado todavía estará muy líquido. Lo dejamos 30 segundos sobre la placa todavía caliente para que termine de cocinarse.

4. Calentamos la crepe de trigo sarraceno en el microondas, en la sartén o en el horno. Colocamos los huevos revueltos encima y espolvoreamos con perejil.

INGREDIENTES

300 g de harina
de trigo sarraceno

6 huevos

1 cucharadita de sal

2 cucharadas soperas
de aceite de oliva

½ cucharadita de levadura
química (tipo Royal)

1 cucharadita de
vinagre de sidra

Pan de trigo sarraceno

PARA 1 PAN

PREPARACIÓN Y COCCIÓN: 1 HORA

1. Precalentamos el horno a 180 °C. Mezclamos la harina, los huevos y la sal. Agregamos 10 cl de agua hirviendo y el aceite de oliva. Añadimos la levadura y el vinagre de sidra. La masa debe tener la consistencia de una mezcla para tortitas. Si es necesario, añadiremos un poco más de agua, ya que según la marca de harina de trigo sarraceno, puede quedar más o menos densa.

2. Ponemos la masa en un molde de cake (20 × 11 cm) forrado con papel de horno. Horneamos durante 50 minutos.

Variante

Podemos usar esta misma masa
para hacer tortitas.

Nota

Para el desayuno, podemos tomar este pan
con huevos revueltos, queso fresco de cabra o un poco
de crema de oleaginosos.

INGREDIENTES

300 g de almendra en polvo

6 huevos

6g de sal

½ cucharadita de levadura
química (tipo Royal)

2 cucharadas soperas
de aceite de coco fundido

1 cucharadita de vinagre
de sidra

Pan de almendras

PARA 1 PAN

PREPARACIÓN Y COCCIÓN: 30 MINUTOS

1. Precalentamos el horno a 180 °C. Con una varilla, mezclamos los huevos, la almendra en polvo y la sal. Añadimos la levadura y el aceite de coco, mezclamos. Vertemos encima 10 cl de agua hirviendo y después incorporamos el vinagre de sidra.

2. Ponemos la masa en un molde de cake (20 × 11 cm) forrado con papel de horno. Horneamos durante 45 minutos (según el horno, habrá que vigilar la cocción).

Variación

Podemos sustituir la almendra en polvo por avellana en polvo.

Truco

Podemos preparar este pan con antelación, cortarlo en rebanadas y congelarlas por separado. Calentaremos el pan en la tostadora o 20 segundos en el microondas.

Ideas para probar

En el desayuno, podemos comer este pan con huevos revueltos, queso fresco de cabra o un poco de crema de oleaginosos.

INGREDIENTES

2 lomos de salmón

4 puerros

1 aguacate

4 cucharadas soperas
de nata de coco (o cualquier otra
nata vegetal)

Curry
(u otras especias al gusto)

Zumo de ½ limón

Sal y pimienta

Filete de salmón, fondue de puerros y guacamole

PARA 2 PERSONAS

PREPARACIÓN Y COCCIÓN: 25 MINUTOS

1. Precalentamos el horno a 180 °C. Colocamos los lomos de salmón en una bandeja apta para el horno previamente engrasada con un poco de aceite. Salpimentamos. Horneamos de 10 a 15 minutos.

2. Cortamos finamente el puerro y lo cocemos al vapor durante 10 minutos. Luego lo llevamos a una cacerola, añadimos la nata de coco, las especias y, si queremos, una pizca de sal. Dejamos hacer a fuego lento durante algunos minutos.

3. Preparamos el guacamole. Con un tenedor, aplastamos el aguacate y añadimos 1 cucharadita de curry, una pizca de sal y el zumo de limón.

4. Servimos los lomos de salmón acompañados de la fondue de puerros y el guacamole.

Truco

Podemos comprar el salmón con antelación y conservarlo en el congelador, pero para cocinarlo hay que sacarlo un par de horas antes de empezar.

Variación

Podemos sustituir el puerro por calabacines.

INGREDIENTES

600 g de chucrut
lactofermentado envasado

2 lomos de salmón

4 cucharadas soperas
de nata de coco (o cualquier
otra nata vegetal)

1 cucharadita de curry

1 cucharada sopera
de aceite de oliva

Una pizca de perejil

Sal y pimienta

Chucrut del mar

PARA 2 PERSONAS

PREPARACIÓN Y COCCIÓN: 15 MINUTOS

DESCONGELACIÓN: 1 HORA

1. Cortamos el pescado en dados. En una cacerola con el aceite de oliva, lo cocinamos un poco durante 5 minutos. Salpimentamos.

2. Ponemos el chucrut en la cacerola y cocinamos durante unos minutos a fuego lento.

3. Añadimos la nata de coco y el curry y mezclamos. Espolvoreamos con perejil picado.

Trucos

· Es más fácil cortar el pescado en dados cuando aún está un poco congelado.

· Para decorar, podemos espolvorear con algunos oleaginosos (nueces de macadamia, almendras, anacardos).

Variante

Podemos sustituir el salmón por otro pescado que nos guste (pez espada, bonito, caballa) o incluso por una docena de gambas o algunas vieiras.

INGREDIENTES

2 filetes de pollo

½ pimiento rojo y
½ pimiento amarillo

2 calabacines

1 rama de citronela fresca
o congelada

20 cl de leche de coco

1 cucharada sopera
de aceite de oliva

6 hojas de albahaca

+ Sal y pimienta

Pollo con leche de coco a la citronela

PARA 2 PERSONAS

PREPARACIÓN Y COCCIÓN: 30 MINUTOS

1. Picamos la citronela si es fresca. Hervimos la leche de coco, añadimos la citronela y dejamos infusionar.

2. Mientras tanto, troceamos los pimientos y los calabacines en rodajas finas. Cortamos en dados los filetes de pollo.

3. En una sartén con un poco de aceite de oliva, pochamos a fuego lento los pimientos. Cuando estén tiernos, subimos el fuego y rehogamos el pollo durante 2 minutos. Salpimentamos.

4. Añadimos los calabacines y cocinamos durante otros 10 minutos.

5. Picamos la albahaca. Con un colador, filtramos la leche de coco y la incorporamos junto con la albahaca a la sartén de las verduras y el pollo. Cocinamos unos 2 o 3 minutos más para que se mezclen los sabores.

Variante

En vez de pollo podemos hacer este mismo plato con pechuga de pavo.

INGREDIENTES

2 muslos de pato confitados

250 g de apionabo

200 g de boniato

2 manzanas

1 cebolla grande

1 cucharadita de comino

Sal

Parmentier de pato versionado

PARA 3 O 4 PERSONAS

PREPARACIÓN Y COCCIÓN: 50 MINUTOS

1. Picamos la cebolla y la pochamos en una cacerola con un poco de agua. Añadiremos agua a medida que se vaya absorbiendo la que hay hasta que la cebolla esté blandita.

2. Pelamos el apionabo, el boniato y las manzanas, los picamos y los cocemos en una vaporera durante 15 minutos.

3. Deshuesamos los muslos de pato, deshilachamos la carne y la colocamos en una bandeja apta para gratinar (25 × 19 cm). Recubrimos con la cebolla pochada.

4. Precalentamos el grill del horno. Aplastamos el boniato, el nabo y las manzanas hasta obtener un puré grueso. Lo mezclamos y añadimos el comino y una pizca de sal. Colocamos la preparación en la bandeja sobre la carne. Con un tenedor, podemos hacer unas «rayas» por encima para decorar.

5. Colocamos la bandeja bajo el grill durante unos 10 minutos. Servimos con una ensalada verde.

INGREDIENTES

2 filetes de pechuga de pavo

1 pimiento rojo
y 1 pimiento amarillo

2 calabacines

1 cebolla

3 cucharadas soperas
de aceite de oliva

Algunas hojas de menta
(opcional)

Sal y pimienta

Escalope de pavo y verduras de verano

PARA 2 PERSONAS

PREPARACIÓN Y COCCIÓN: 25 MINUTOS

1. Con ayuda de una mandolina, cortamos los pimientos y los calabacines y los hacemos en una vaporera durante 10 minutos.

2. Picamos la cebolla. En una cacerola con 1 cucharada sopera de aceite de oliva la pochamos a fuego lento.

3. Una vez que las verduras estén cocidas, las añadimos a la cacerola con la cebolla. Agregamos 2 cucharadas soperas de aceite de oliva y salpimentamos. Pochamos a fuego lento durante 15 minutos.

4. Durante este tiempo, salpimentamos los escalopes de pavo. En una sartén con un poquito de aceite, los hacemos a la plancha durante 2 minutos por cada lado.

Si nos gusta, espolvoreamos menta por encima. Servimos los escalopes acompañados de la verdura.

Variación

Podemos sustituir los filetes de pavo por escalopes de pollo o por solomillo de pato.

INGREDIENTES

300-400 g de ternera para asar

300 g de boniato

1 puñado grande
de judías verdes

20 cl de leche de coco (o
cualquier otra leche vegetal)

1 cucharada sopera
de albahaca

1 cucharadita de curry
o de comino

+ Sal y pimienta

COMIDA

Ternera asada,
puré de boniato y
judías verdes

PARA 2 PERSONAS

PREPARACIÓN Y COCCIÓN: 30 MINUTOS

1. Precalentamos el horno a 190°C. Salpimentamos la carne y la horneamos durante 25 minutos.

2. Cortamos el boniato en dados. En una vaporera lo cocemos durante 15 minutos junto con las judías verdes.

3. Trituramos las verduras cocidas y añadimos la leche de coco, la albahaca y el curry.

4. Servimos el asado acompañado del puré de verduras.

Truco

Antes de hornear la carne, se puede espolvorear con un poco de tomillo para darle más sabor.

Variación

Podemos sustituir las judías verdes por 300 g de apionabo o de brócoli.

INGREDIENTES

1 calabacín grande

100 g de ternera picada

3 cebollas

20 cl de tomate triturado

1 cucharadita de cúrcuma

4 cucharadas soperas
de aceite de oliva

1 cucharadita de albahaca,
orégano o hierbas provenzales.

+ Sal y pimienta

Calabacín relleno a la boloñesa

〔 PARA 1 PERSONA 〕

PREPARACIÓN Y COCCIÓN: 30 MINUTOS

1. Precalentamos el horno a 180 °C. Cortamos el calabacín longitudinalmente y le extraemos la pulpa, que conservamos aparte. En una bandeja apta para horno forrada con papel de cocinar y un poco de aceite de oliva, colocamos las barquitas de calabacín. Horneamos durante 25 minutos.

2. Mientras tanto, preparamos la salsa boloñesa. Picamos la cebolla. En una cacerola pequeña con un poco de agua, la pochamos hasta que esté totalmente hecha. Agregamos agua según se vaya absorbiendo la que hay.

3. Añadimos la carne y cocinamos durante 5 minutos. Incorporamos el tomate triturado, la pulpa del calabacín, la cúrcuma, el aceite de oliva y la albahaca. Salpimentamos y dejamos hacer a fuego lento durante 5 minutos más.

4. Rellenamos los calabacines con la boloñesa y servimos.

Variación

Podemos sustituir el calabacín por una berenjena
o un pimiento grande.

Ensalada de salmón, quinoa, palmito y crema de alcachofas

INGREDIENTES

1 loncha grande de salmón ahumado

75 g de quinoa roja escurrida

2 corazones de palmito

4 corazones de alcachofas en conserva

El zumo de 1 limón

2 cucharadas soperas de aceite de oliva

+

2 cucharadas soperas de nata de coco (o cualquier otra nata vegetal)

1 rama de cilantro

Algunas almendras

Sal y pimienta

PARA 1 PERSONA

PREPARACIÓN Y COCCIÓN: 20 MINUTOS

1. Cocemos la quinoa durante 10 minutos en agua hirviendo con sal siguiendo las indicaciones del paquete.

2. Cortamos el palmito en rodajas finas y el salmón en dados pequeños.

3. Preparamos la crema de alcachofa. Trituramos los corazones de alcachofa con la mitad del zumo de limón, 1 cucharada sopera de aceite de oliva y la nata de coco. Salpimentamos y batimos.

4. Preparamos una vinagreta. Mezclamos 1 cucharada sopera de aceite de oliva, 1 cucharada sopera de zumo de limón, sal y pimienta.

5. En el plato, ponemos la quinoa, el salmón y las rodajas de palmito y mezclamos todo con la vinagreta. Ponemos por encima la crema de alcachofas y espolvoreamos con cilantro picado y almendras.

Variación

Podemos sustituir el salmón ahumado por trucha ahumada o por ocho gambas e incluso por sardinas en conserva sin aceite.

Terrina de cecina a la italiana

INGREDIENTES

5 lonchas de cecina

15 aceitunas

15 tomates cherry

4 huevos

4 cucharadas soperas de tomate triturado

20 cl de nata de coco (o de cualquier otra nata vegetal)

1 cucharada sopera de albahaca fresca o congelada

Sal y pimienta

PARA 2 O 3 PERSONAS

PREPARACIÓN Y COCCIÓN: 40 MINUTOS

1. Precalentamos el horno a 200 °C. En un bol, cascamos los huevos. Añadimos el tomate triturado, la nata de coco, las aceitunas y los tomates cherry troceados.

2. Picamos las lonchas de cecina y la añadimos al bol. Salpimentamos.

3. Añadimos la albahaca, mezclamos todo y lo ponemos en un molde de cake (25 × 12cm) forrado con papel de horno. Horneamos durante unos 30 minutos.

4. Servimos con una ensalada verde.

Variación

Podemos sustituir los tomares cherry por tomates secos. Si nos gustan los platos condimentados, podemos añadir pimienta de cayena o pulpa de pimiento choricero o de ñora.

Truco

También podemos tomar esta terrina en el desayuno; solo habrá que calentarla.

Tostas de aguacate, salmón ahumado y rúcula

INGREDIENTES

2 aguacates

2 lonchas de salmón ahumado

4 rebanadas de pan de trigo sarraceno (ver receta en pág.75)

4 puñados de rúcula

2 cucharadas soperas de zumo de limón

Eneldo

+

2 cucharadas soperas de aceite de oliva

Unas láminas de pepino para decorar

Sal y pimienta

PARA 2 PERSONAS

PREPARACIÓN Y COCCIÓN: 20 MINUTOS

1. Tostamos las rebanadas de pan. Cortamos el salmón ahumado en tiras.

2. Aplastamos el aguacate y lo mezclamos con 1 cucharada sopera de zumo de limón, sal y pimienta. Untamos la mezcla obtenida en el pan y añadimos el salmón.

3. Enrollamos las láminas de pepino sobre sí mismas y las colocamos por encima. Espolvoreamos con eneldo.

4. Preparamos una vinagreta con el aceite de oliva, 1 cucharada sopera de zumo de limón, sal y pimienta para aderezar la rúcula.

5. Servimos las tostas con la rúcula.

Variaciones

Podemos sustituir el salmón ahumado por trucha ahumada, cecina e incluso por 1 huevo a la plancha. También podemos añadir una pizca de pimentón a la crema de aguacate.

Quiche-crepe de salmón y espinacas

INGREDIENTES

3 crepes de trigo sarraceno (trigo negro)

4 lonchas de salmón ahumado

4 bloques de espinacas congeladas

3 huevos

20 cl de leche de coco

PARA 2 O 3 PERSONAS

PREPARACIÓN Y COCCIÓN: 40 MINUTOS

1. Precalentamos el horno a 200 °C. Descongelamos las espinacas en el microondas y las escurrimos muy bien. Cortamos las lonchas de salmón ahumado en tiras.

2. En un molde para tarta (de 27 cm) forrado con papel de horno colocamos las crepes con sus extremos hacia arriba de manera que cubran el borde.

3. Batimos bien los huevos y la leche de coco. Repartimos el salmón y las espinacas en el molde sobre las crepes y vertemos la mezcla de huevo por encima. Horneamos durante 20 minutos para que cuaje el conjunto.

Variación

Podemos sustituir el salmón ahumado por trucha ahumada, jamón o cecina. También podemos reemplazar las espinacas por calabacines, champiñones o cualquier otra verdura. ¡Esta receta admite todas las variaciones que se puedan imaginar!

Variación

Recomiendo también la quiche-crepe para el desayuno. Podemos prepararla con antelación y calentarla rápidamente por la mañana.

INGREDIENTES

1 tortita de trigo sarraceno
(trigo negro)

1 aguacate

3 lonchas de cecina

1 puñado grande de rúcula

1 chorrito de zumo de limón

Curry o especias al gusto
(cúrcuma, comino, pimentón)

1 chorrito de aceite de oliva

CENA

Tortita de aguacate, cecina y rúcula

PARA 1 PERSONA

PREPARACIÓN Y COCCIÓN: 10 MINUTOS

1. Precalentamos el horno a 200 °C y horneamos la tortita durante 5 minutos (también la podemos calentar en una sartén antiadherente).

2. Aplastamos el aguacate y lo mezclamos con el zumo de limón y el curry. Salpimentamos al gusto. Luego extendemos la crema de aguacate sobre la tortita.

3. Ponemos por encima las lonchas de cecina, la rúcula y rociamos con unas gotas de aceite de oliva. Enrollamos la tortita y ¡a disfrutar!

Variación

Podemos sustituir la cecina por salmón ahumado o trucha ahumada. También queda muy bien con jamón cocido y con pechuga de pavo.

Pizza ligera

INGREDIENTES

PARA LA MASA

76 g de harina de trigo sarraceno

2 claras de huevo

2 cucharadas soperas de psilio rubio

Sal y pimienta

PARA LA COBERTURA

10 cl de tomate triturado

2 lonchas de jamón cocido

⅓ pimiento rojo y ⅓ de pimiento amarillo

2 champiñones

Queso rallado de cabra

3 rodajas de queso fresco de cabra (opcional))

+ 1 cucharadita de orégano

(PARA 1 PERSONA)

PREPARACIÓN Y COCCIÓN: 40 MINUTOS

1. Precalentamos el horno a 180 °C. Mezclamos la harina, las claras de huevo, la sal y la pimienta, Incorporamos 5 cl de agua y el psilio rubio. Mezclamos bien hasta obtener una masa.

2. Extendemos la masa y formamos con ella un círculo de 20 cm de diámetro, que colocamos en una placa de horno forrada con papel de hornear. Repartimos por encima la salsa de tomate dejando 1 cm de borde de la masa sin cubrir y espolvoreamos el orégano. Añadimos el jamón cocido picado junto con los pimientos y los champiñones cortados en láminas finas.

3. Espolvoreamos el queso rallado y añadimos el queso fresco. Horneamos durante 10 o 15 minutos.

Variación

Podemos sustituir el jamón cocido por cecina.

Espaguetis de arroz integral a la boloñesa

INGREDIENTES

180 g de espaguetis de arroz integral

200 g de ternera picada

10 champiñones

4 zanahorias

3 cebollas

20 cl de tomate triturado

+

1 cucharadita de cúrcuma

2 cucharadas soperas de aceite de oliva

6 hojas de albahaca

Sal y pimienta

PARA 2 PERSONAS

PREPARACIÓN Y COCCIÓN: 40 MINUTOS

1. Cortamos los champiñones en dados y las zanahorias en rodajas muy finas (si es posible, utilizaremos una mandolina). Picamos la cebolla también muy fina.

2. En una cacerola pequeña con un poco de agua pochamos la cebolla. Añadiremos agua a medida que se vaya absorbiendo la que hay hasta que la cebolla esté totalmente hecha. Añadimos la carne y la cocinamos durante 5 minutos.

3. Cocemos los espaguetis al dente según las instrucciones del paquete.

4. A la cacerola con la cebolla le incorporamos la salsa de tomate, la zanahoria, los champiñones, la cúrcuma, el aceite de oliva, la albahaca y la sal. Lo cocinamos todo durante unos 15 minutos.

5. Servimos la pasta con la salsa boloñesa por encima. Acompañamos con una ensalada verde.

Truco

Los espaguetis de arroz integral están deliciosos y además son sin gluten.

INGREDIENTES

100 g de chocolate con el 70 % de cacao

30 cl de nata de coco

10 nueces de macadamia

Delicias de crema de chocolate

PARA 2 CREMAS

PREPARACIÓN: 10 MINUTOS

REFRIGERACIÓN: 1 HORA

1. Troceamos el chocolate y lo fundimos al baño María. Incorporamos la nata de coco y lo mezclamos bien.

2. Repartimos la preparación en dos moldes individuales y la reservamos al menos 1 hora en el frigorífico.

3. Picamos las nueces de macadamia con un cuchillo. Las colocamos sobre las cremas y servimos.

Variación

Podemos sustituir las nueces de macadamia por avellanas o almendras.

INGREDIENTES

20 cl de leche de coco

20 cl de nata de coco

1 cucharada sopera
de azúcar de coco

1 vaina de vainilla

2 cucharadas soperas
de psilio rubio

2 piezas de maracuyá

Panna cotta de coco con maracuyá

PARA 2 RACIONES

PREPARACIÓN: 1 HORA Y 10 MINUTOS

1. En una cacerola calentamos la leche y la nata de coco durante 5 minutos a fuego lento. Incorporamos el azúcar de coco y removemos.

2. Extraemos el interior de la vaina de vainilla con la punta de un cuchillo y lo añadimos a la mezcla de leche y nata. Apagamos el fuego y dejamos atemperar durante medio minuto.

3. Añadimos el psilio dorado y mezclamos. Repartimos la preparación en dos recipientes individuales y cubrimos con pulpa de maracuyá.

4. Dejamos reposar al menos durante 1 hora en el frigorífico y servimos.

Variación

Podemos sustituir el maracuyá o fruta de la pasión por un culis de frutos rojos.

Galletas
de chocolate y plátano

INGREDIENTES

100 g de chocolate
al 70 % de cacao

90 g de harina de garbanzo

90 g de harina de arroz integral

1 huevo

1 cucharada sopera
de aceite de coco

2 plátanos maduros

PARA 9 GALLETAS MEDIANAS

PREPARACIÓN Y COCCIÓN: 30 MINUTOS

1. Precalentamos el horno a 180 °C. Troceamos el chocolate para obtener pepitas grandes.

2. Mezclamos las dos harinas, el huevo y el aceite de coco. Aplastamos el plátano e incorporamos el puré resultante. Añadimos las pepitas de chocolate.

3. Formamos bolitas y las colocamos en una placa recubierta con papel de horno.

4. Horneamos durante unos 15 minutos. A los 10 minutos verificamos la cocción y, si es necesario, cubrimos las galletas con papel de aluminio para que no se quemen mientras terminan de hacerse.

Truco

Para formar las bolitas de masa, podemos ayudarnos de dos cucharas grandes. Si el aceite de coco está muy compacto, lo fundiremos en el microondas antes de utilizarlo.

INGREDIENTES

2 onzas grandes de chocolate al 70 % de cacao

1 cucharada sopera de harina de coco

1 huevo

1 cucharada sopera de psilio rubio

1 cucharada sopera de agua de azahar

Mug cake con pepitas de chocolate

PARA 1 MUG CAKE

PREPARACIÓN Y COCCIÓN: 12,5 MINUTOS

1. La preparación nos llevará 10 minutos. En un bol individual y apto para microondas, mezclamos la harina de coco, el huevo y el psilio rubio. Añadimos 6 cucharadas soperas de agua y después el agua de azahar. Mezclamos bien.

2. Añadimos el chocolate troceado en pepitas y mezclamos de nuevo.

3. Cocinamos en el microondas durante 2,5 minutos a potencia máxima. Ya está listo para degustar.

Truco

Optaremos por agua de azahar sin azúcares añadidos, que se encuentra en la zona de ingredientes para repostería de los supermercados.

Ideas y éxitos en la cocina

Ideas y éxitos en la cocina

Ideas y éxitos en la cocina

Ideas y éxitos en la cocina

2

Adoptar la psicología positiva

¿QUÉ ES LA PSICOLOGÍA POSITIVA?

La psicología positiva, también conocida como **«la ciencia de la felicidad»,** estudia las condiciones y procesos que contribuyen a la realización o al funcionamiento óptimo de las personas y las organizaciones. Esta disciplina apareció en 1998 en Estados Unidos. **Se centra en la salud y en el bienestar, y también en lo que hace al individuo feliz, optimista y resiliente.** Se basa en resultados observados a través de estudios científicos y está dirigida a desarrollar todo lo que le da sentido a la vida.

Según la psicología positiva, **el bienestar se articula en torno a cinco pilares:**

1 **Las emociones positivas**

Son las que nos estimulan: alegría, gratitud, divertimento o esperanza. El objetivo es poner de nuestra parte para que cada vez estén más presentes en nuestra vida. Lo conseguiremos gracias a pequeños ejercicios muy sencillos. Al principio habrá que esforzarse, pero enseguida se volverán muy naturales.

2 **El compromiso**

Comprometerse con una asociación, con la política o con una causa que nos parezca justa dará sentido a nuestras acciones y a nuestra vida.

3 **Las relaciones personales edificantes**

Se trata de las que tenemos con nuestra pareja, con nuestra familia, nuestros amigos, y también con nuestros compañeros. Cuanto más profundas y enriquecedoras sean nuestras relaciones, más nos satisfarán.

4 **El sentido y el propósito vital**

Encontrarle sentido a la vida y sentirse útil profesional y personalmente contribuye al bienestar.

5 **El sentimiento de culminación**

Es el que se siente cuando se es capaz de fijarse objetivos y alcanzarlos. Cuanto más lo practiquemos, más ganas tendremos de seguir y de salir de nuestra zona de confort.

Trabajar sobre estos cinco factores del bienestar nos aportará realización, fuerza, vitalidad, prosperidad y satisfacción. **Gracias a la psicología positiva, también sacaremos provecho de nuestra situación presente para hacer de ella una experiencia positiva.** De esta manera, nuestra visión global de la vida será también más positiva, llena de oportunidades y no de amenazas.

La psicología positiva es complementaria a la psicología tradicional. Como afirma Martin E. P. Seligman, el padre de la psicología positiva, «existen dos estrategias complementarias para mejorar la condición humana. Una consiste en soltar lo que no funciona; la otra, en reforzar lo que hay de positivo». Este último aspecto es el centro de la psicología positiva.

Idea preconcebida n.º 9: «La psicología positiva es igual que el pensamiento positivo».

Al contrario que el pensamiento positivo (popularizado por el método Coué), la psicología positiva tiene una fundamentación científica. Se siguen realizando numerosos estudios en torno a esta cuestión. El pensamiento positivo se basa en la autosugestión y aparta por completo lo negativo. Por su parte, la psicología positiva acepta lo negativo y lo considera con realismo. Así, nos centraremos menos en lo negativo y pondremos el foco cada vez más en lo positivo.

¿Qué es la psicología positiva?

¿Por qué funciona en el ámbito de un proyecto de pérdida de peso?

La psicología positiva nos ayudará a aumentar el bienestar y contribuirá al equilibrio emocional. Nos sentiremos:

→ Más positivos, lo que nos hará ganar motivación y confianza.

→ Más alineados con lo que de verdad queremos hacer gracias a los proyectos que identificaremos y activaremos.

→ Más calmados, de modo que conseguiremos gestionar las emociones y, por tanto, no necesitaremos buscar alivio en la comida.

Mejor equilibrio emocional = ¡menos ganas emocionales de comer!

De esta manera, solucionaremos el problema desde la raíz. Además, si nos hacemos con la psicología positiva, atraeremos un montón de cosas positivas y nuestra vida cambiará literalmente. Todas las mujeres a las que acompaño que consiguen integrar la psicología positiva en su vida obtienen resultados en sus proyectos de pérdida de peso. A veces son espectaculares.

Zoom en...
La frecuencia vibratoria

La frecuencia vibratoria de una persona **es la frecuencia a la que vibra.** También podemos hablar de **nivel de energía:** energía alta o baja. Se trata de algo intangible. El lenguaje no verbal, el tono de voz o la manera de estar dan indicaciones sobre la energía que desprendemos. Cuanto más alta sea la frecuencia vibratoria, mayor energía positiva tendremos. Una frecuencia vibratoria alta también se asocia a un mejor sistema inmunitario.

Los **factores que permiten mejorar la frecuencia vibratoria** son los siguientes:

· Una alimentación sana.

· Emociones positivas: para esto, la psicología positiva es perfecta.

· La meditación.

· Una buena respiración.

· Relaciones sociales edificantes.

· Estar en movimiento.

Si aumentamos la frecuencia vibratoria, atraeremos lo positivo, ya que las personas con las que entraremos en contacto sentirán la energía positiva que desprendemos. De esta forma, tendremos más posibilidades de que nos contraten, de hacer amigos, de encontrar el amor, de conseguir nuestro proyecto de emprendimiento... ¡Es el círculo virtuoso de lo positivo!

MENOS CULPABILIDAD Y MÁS BENEVOLENCIA

> *«Amarse a sí mismo es el principio de una historia de amor que durará toda la vida».*
>
> Oscar Wilde

Tres consejos anticulpabilidad

La psicología positiva ofrece herramientas que nos permiten ir más allá de la autobenevolencia y sentir menos culpabilidad. **El tema de la culpabilidad es muy recurrente en mis consultas:** culpabilidad por haber comido demasiado, por haber comido «mal», por no haber hecho suficiente actividad física...

A continuación, tres consejos anticulpabilidad:

Tomemos un ejemplo concreto. Hoy hemos comido seis onzas de chocolate a pesar de haber decidido tomar solo dos cada día.

1 **Relativizar.** ¡Tampoco es la tableta entera! Es más, ya hemos pasado al chocolate con un 70 % de cacao e incluso al del 80 %: tiene mucho menos azúcar que el chocolate que consumíamos antes.

2 **Orientarse hacia lo positivo.** Extraigamos todo lo positivo que hemos hecho en favor de nuestro proyecto de pérdida de peso: moverse, consumir más verduras en nuestras comidas, comer con mayor conciencia... Seguro que hay mucho de positivo, pero lo olvidamos porque estamos centrados en este pequeño desliz, que, por otra parte, bien podríamos llamar «placer».

3 **Comprender.** ¿Por qué hemos tenido hoy más ganas de chocolate? ¿Tiene que ver con el cansancio? ¿Era hambre o ganas emocionales? ¿Encontramos suficiente placer en nuestra alimentación? Puede que, de momento, el objetivo de dos onzas al día sea demasiado ambicioso. **No hay ningún problema en revisar los objetivos y ajustarlos.**

Más allá de la culpabilidad asociada a la comida, en mis consultas puedo comprobar que en las mujeres ese sentimiento es **omnipresente.** Deshacernos de otras formas de culpabilidad nos ayudará a desvincular de la alimentación la sensación de haber fallado. En la tabla siguiente propongo varias fórmulas para liberarnos de los pensamientos de culpa y transformarlos: ¡enseguida nos sentiremos mucho mejor!

Pensamiento de culpa	¿Cómo transformarlo?
Culpabilidad por no haber trabajado/hecho lo suficiente.	Hacer una lista con las tareas hechas en lugar de centrarse en las que quedan por hacer y sentirse orgullosos por haberlas terminado. Muy a menudo, se acumulan tareas imprevistas y las vamos gestionando cuando vamos pudiendo.
Culpabilidad por no pasar en familia todo el tiempo que debería.	¡Centrémonos en el tiempo de calidad! Unos pocos minutos en los que estemos plenamente con nuestro hijo o nuestra pareja valen mucho más que un día entero en el que no estemos del todo disponibles para ellos y tengamos que estar pendientes del teléfono.
Culpabilidad por no estar lo suficientemente presentes con los padres, que se van haciendo mayores, o con nuestros amigos.	Además de físicamente, podemos estar presentes de otras maneras: a través de mensajes e incluso por teléfono.
Culpabilidad por no haber empezado algunos proyectos.	El día solo tiene 24 horas: ¡no podemos hacerlo todo! Nos concentraremos en los que sí hemos empezado.
Culpabilidad por dejar a los niños con alguien que los cuide para tener tiempo para nosotros mismos.	Si nos dedicamos tiempo a nosotros mismos, ganaremos energía y los momentos que pasemos con los niños serán incluso más gratificantes.

¡Sí a la autobenevolencia!

La autobenevolencia se trabaja. Se trata de la manera en la que nos hablamos, de que nuestra «vocecita interior» nos hable con más positividad.

Aumentar la positividad de nuestra «voz interior»

Como ocurre con las ganas emocionales de comer, la primera etapa consiste **en tomar conciencia de nuestros pensamientos culpabilizadores y degradantes.** En la tabla de la página siguiente, he anotado los pensamientos recurrentes de personas a las que acompaño y sugerencias para modificarlos. Aun a riesgo de repetirme, cada uno es la única persona capaz de decidir cambiar el peso de sus propios pensamientos y solo depende de nosotros mismos transformar nuestro discurso interior.

A continuación, algunos ejemplos de discursos negativos y sus versiones autobenevolentes:

☹	☺
Voy a fallar de nuevo.	¡Voy a darme una nueva oportunidad!
He fracasado tantas veces...	¡Así he podido aprender mucho sobre mí!
Esto me parece imposible.	¡Voy a superar este desafío!
He recuperado 1 kilo, ¡soy lo peor!	Me di un capricho y volveré a mis buenos hábitos.

¡HORA DE JUGAR!

Pensamientos culpabilizadores ☹	Pensamientos autobenevolentes ☺

Hacer las paces con el espejo

Para algunas mujeres, reconciliarse con el espejo es particularmente difícil, ya que tienen **una imagen degradada de sí mismas,** ya sea porque de pequeñas les dijeron **cosas muy crueles** del tipo «tus piernas son horribles», «no te comas ese helado porque se va directamente a las cartucheras», ya sea porque les pusieron **motes** como «gordinflona», «ballena», etc. Estas palabras se les quedaron grabadas y siguen haciéndoles sufrir. También están **los comentarios de algunos allegados,** como «¡has engordado desde la última vez!».

Una de las maneras de deshacerse de estas palabras es decirse a uno mismo que la gente que se permite hacer comentarios es precisamente la que tiene un problema con su aspecto.
Por este motivo, cuando me preguntan cómo se puede ayudar a los hijos para que estén cómodos con su imagen, siempre recomiendo que primero nos ocupemos de la nuestra.

«No me gusta lo que veo» o incluso «no consigo mirarme en el espejo» son frases que escucho a menudo en mi consulta. Una encuesta ha mostrado que el **87 % de las mujeres querría cambiar su aspecto.**

¿Y en nuestro caso? Por la mañana, ante el espejo, **¿qué nos decimos a nosotros mismos? ¿Y si decidiéramos centrarnos en lo que sí nos gusta de nuestro físico en lugar de en lo que nos disgusta?** Para conseguirlo, es importante reflexionar sobre lo que nos gusta físicamente y de qué manera podemos sacarle partido para concentrarnos en ello cuando nos miramos.

¡HORA DE JUGAR!

En la tabla siguiente, anotaremos lo que corresponda.

Lo que nos gusta	Maneras de sacarle aún más partido
Los ojos	Maquillaje
La sonrisa	Pintalabios
El pelo	Cuidados, nuevo corte y/o accesorios.
Las piernas	Llevar faldas y/o vestidos. Llevar medias originales.
El look	Añadir accesorios, poner color.
Las manos, los pies	Esmalte de uñas, manicura y/o pedicura.
El pecho	Blusas y camisetas bonitas y, por qué no, ¡escotadas!
Otro :	
Otro :	
Otro :	

Una vez que hemos hecho esta reflexión, podremos modificar los pensamientos:

• «No me gusta lo que veo» ⇒ «¡Qué bonito peinado llevo hoy!».

• «No puedo con esta barriga...» ⇒ «Me encanta mi escote, ¡estoy supersexy!».

Además, muy a menudo, **no nos vemos como la gente nos ve.** Muchas mujeres a las que acompaño tienen una cara preciosa y a mí me parecen estupendas, pero ellas solo se fijan en su peso. La psicología positiva las ayuda a **cambiar su mirada interior.**

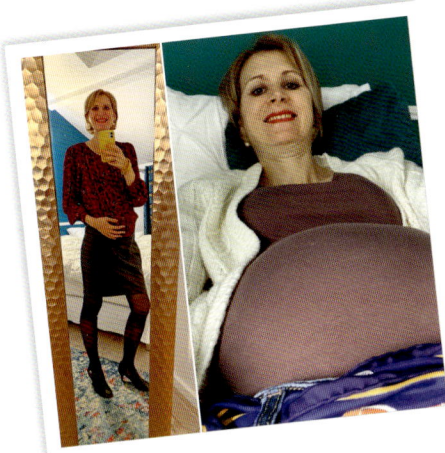

En estas dos fotos estaba embarazada de ocho meses. En la de la derecha, apenas se me ve la barriga; en la de la izquierda, ¡es lo único que se ve! Como es evidente, todo es una cuestión de perspectiva.

¡Si cambiamos la perspectiva, veremos lo bellas y encantadoras que somos!

Una vez que hemos hecho las paces con nuestra imagen, propongo que **nos hagamos una foto para concentrarnos en los elementos que queremos resaltar.** Para hacerlo:

→ Valoraremos las partes de nuestro cuerpo que sí nos gustan.

→ Elegiremos una ropa que nos encante y pondremos una hermosa sonrisa.

→ Haremos un selfi delante del espejo o le pediremos a alguien que nos haga una foto todas las veces que sea necesario hasta que salga una que nos guste.

También nos podemos regalar una **sesión de fotos con un fotógrafo profesional.**

No hay que esperar a llegar hasta el final de nuestro proyecto de pérdida de peso para reconciliarnos con nuestra imagen. Desde el momento en que empecemos obtendremos una ayuda increíble para cumplir nuestros objetivos. Recomiendo repetirnos la frase siguiente **cinco veces en voz alta** (podemos hacerlo a diario si lo necesitamos): **«Soy bella y encantadora, me reconcilio con mi imagen».**

Deshacerse de la mirada de los demás

«La opinión de los demás es la vida de los demás».

Paulo Amaro

La mirada de los demás también es un tema recurrente en mi consulta. Algunas mujeres no se apuntan a un club deportivo por miedo a que los demás se fijen en su sobrepeso. Otras solo se visten con colores oscuros o no se atreven a llevar accesorios demasiado visibles para no llamar mucho la atención.

Sin embargo, muy a menudo, a los otros no les importamos tanto. Solemos pensar que nos miran y no es así en absoluto. Puede que algunos nos juzguen, **pero solo depende de nosotros decidir no hacerles caso.** Además, que no se nos olvide considerar que puede que los demás nos miren porque les llamamos la atención por algo. Por ejemplo:

➤ Piensan que tenemos carisma.

➤ Nos encuentran encantadores.

➤ Les gusta nuestro estilo o nuestros zapatos.

➤ Les va nuestro peinado.

➤ Les encanta cómo vamos maquilladas.

Muy a menudo nos imaginamos lo negativo y nos convencemos de que nos están juzgando. Transformemos el foco negativo en positivo y nos sentiremos mucho mejor. Para deshacernos de la mirada de los demás, **nos ayudará mucho ponernos objetivos.** Cuantos más pequeños pasos vayamos dando, aunque nos den miedo al principio, más confianza tendremos en nosotros mismos.

¡HORA DE JUGAR!

¿Qué desafío podemos proponernos? No hay que olvidar establecer una fecha aproximada para que sea un objetivo concreto y podamos pasar a la acción. Marcaremos las casillas que correspondan a nuestras intenciones.

	En los próximos días	En los próximos meses	En los próximos años
Vestirme con una prenda colorida u original.			
Usar un pintalabios o un esmalte de uñas llamativo.			
Poner una foto mía en las redes sociales.			
Llevar un sombrero, gafas de sol o un accesorio visible.			
Hablar en público (en una cena o una reunión, por ejemplo).			
Otro :			

EN RESUMEN

• Es posible introducir más autobenevolencia si prestamos atención a nuestro discurso interior y lo hacemos más positivo.

• Llevar nuestra atención hacia lo que nos gusta de nuestro cuerpo nos ayudará a hacer las paces con nuestra imagen.

• Lanzarnos a pequeños desafíos cotidianos nos permitirá dejar de preocuparnos por la mirada de los demás.

MENOS FRUSTRACIÓN Y MÁS PLACER

«La felicidad es el placer sin remordimientos».

Sócrates

La frustración es otro de los temas más recurrentes en mi consulta. Las mujeres que vienen a verme están hartas de las **dietas restrictivas.** Para algunas de ellas, el placer de comer supone un verdadero aprendizaje, por lo que la frustración se ha convertido en algo normal. Una de ellas me contaba que se pasaba la semana frustrada por haber cedido desmesuradamente durante el fin de semana. A algunas mujeres les cuesta salir del **círculo vicioso de la frustración,** ya que desde hace mucho tiempo el placer no está en sus platos.

¡Con este método se acabó la frustración! ¡Pesar los alimentos o contar las calorías se ha TERMINADO!

¡Se acabaron las dietas detox!

Complementos alimenticios «mágicos», limpieza interior con zumos, ayunos interminables… Hay mucho donde elegir. Estos productos prometen milagros, pero recomiendo no fiarse demasiado. Por supuesto, con una dieta detox perderemos de 3 a 5 kilos en pocos días, ¡pero a qué precio! Una limpieza así costará **muy cara,** seguro, pero, además, más allá del precio, no hay ningún placer en tomar zumos durante una semana ni mucho menos en beber savia de abedul. Además, a medio plazo, **el resultado suele ser lo contrario de lo que se esperaba:** nos sentiremos débiles y cansados. De hecho, expulsaremos todas las toxinas de golpe y nuestro hígado se verá saturado, lo que resulta agotador para el organismo. Por tanto, sentiremos la necesidad de recuperar energías mediante la comida: ¡efecto yoyó asegurado!

En mi método propongo una **minidetox** diaria con la infusión de jengibre (ver pág. 35). El cambio de alimentación generará la desintoxicación del cuerpo de manera natural, así que no será necesario hacer nada más. Como consumiremos alimentos buenos para el organismo, no tendremos que purificarlo.

Nuestros alimentos y texturas preferidas

«¿Cómo mantener a largo plazo el consumo de alimentos beneficiosos para el organismo?», suelen preguntarme. La respuesta es sencilla: ¡eligiendo lo que nos gusta! Cuanto mejor conozcamos nuestros gustos, más placer tendremos comiendo con IG bajo para adelgazar. Recomiendo **establecer el top de los cinco alimentos que más nos gusta**n y buscar, si es necesario, sus alternativas con IG bajo. A continuación, algunos ejemplos:

- Chocolate con leche => chocolate negro con el 70 % de cacao.
- Repostería industrial => repostería hecha en casa con IG bajo (ver recetas en las págs. 107-112).
- Chips=> chips de trigo sarraceno, chips de verduras.
- Pasta blanca => pasta de arroz integral, pasta de legumbres.
- Pan blanco => pan de trigo sarraceno (ver receta en la pág. 75) o cualquier otra receta con IG bajo, crepes de trigo sarraceno.
- Patatas => boniatos.

¡HORA DE JUGAR!

TOP 5 ALIMENTOS FAVORITOS	TOP 5 ALTERNATIVAS CON IG BAJO
1.	1. ....
2.	2. ....
3.	3. ....
4.	4. ....
5.	5. ....

A algunas personas no les supone ningún problema reemplazar de un día para otro un alimento por su equivalente con IG bajo. Para otras, resulta más complicado poner en práctica este nuevo hábito, por lo que habrá que proceder por etapas.

Tomemos el ejemplo del chocolate.

Chocolate con leche > chocolate negro de postre > chocolate negro con el 63 % de cacao > chocolate negro con el 70 % de cacao > chocolate negro con el 90 % de cacao (sí, sí, ¡es posible! Si yo lo conseguí, cualquiera puede hacerlo. Hay muchos chocolates con el 90 % de cacao que están muy ricos).

Una mujer a la que acompañé eligió, para facilitar la transición, un chocolate negro con semillas de sésamo, porque le gustaba su textura crujiente. También es una buena alternativa.

La **planificación del menú** (ver pág. 64) también será muy útil: si prevemos las comidas que nos dan placer, ¡disfrutaremos mucho más cuando comamos!

La textura también es un elemento esencial en la apreciación de un alimento. A continuación, algunos ejemplos de texturas:

CRUJIENTE	CREMOSO	ESPONJOSO

CRUJIENTE
- Oleaginosos y semillas
- Frutas (las manzanas, por ejemplo)
  - Crudités

CREMOSO
- Purés
- Sopas y potajes
- Yogures vegetales, de cabra o de oveja
- Guacamole, humus u otras salsas

ESPONJOSO
- Pan de trigo sarraceno
- Bizcochos esponjosos
  - Quiches

Elaborar platos bonitos

¡Pongamos **color a la mesa!** Utilizar platos bonitos nos ayudará a apreciar aún más el contenido. Por eso, merece la pena invertir en una vajilla que nos guste, ya que la veremos todos los días.

Colocar bien los alimentos, como en un restaurante, es otra idea para apreciar más nuestro menú. Elegiremos **alimentos de colores diferentes** para animar nuestro plato. Se ha probado que un plato dispuesto de manera atractiva incita a comer menos.

También podemos hacernos con **recipientes de distintos tamaños** y con **aros de acero inoxidable** para servir nuestros platos como en un restaurante.

A muchas mujeres a las que he acompañado les encanta la cocina. Han creado cuentas en Instagram donde comparten sus recetas. ¿Por qué no hacer lo mismo? Compartir nuestras recetas nos animará a elaborar platos bonitos. Si publicamos una foto en nuestras redes sociales, ¡cuidaremos mucho más la presentación!

EN RESUMEN

- Se puede adelgazar sin restricciones ni frustración.
- Las dietas intensivas detox no son la solución, ya que normalmente conllevan un efecto yoyó.
- Si conocemos nuestras texturas y alimentos con IG bajo favoritos, comeremos con más placer y mantendremos esta alimentación a largo plazo.

LAS HERRAMIENTAS

El tablero de visualización

«*Haz de tu vida un sueño y de ese sueño, una realidad*».

Antoine de Saint-Exupéry

El tablero de visualización es una herramienta muy poderosa, ya que nos permitirá relativizar nuestro proyecto de pérdida de peso al añadir nuestros otros tres pilares vitales. Esta herramienta nos ayudará también a:

→ Aclarar nuestros objetivos, proyectos e intenciones.
→ Visualizar a diario nuestros objetivos para pasar a la acción y aprovechar las oportunidades que se nos presenten.
→ Recordarnos otros éxitos para mantener la motivación en caso de estancamiento en el proyecto de pérdida de peso.

A continuación, las tres reglas clave para crear el tablero de visualización:

1 Una vez que hayamos elegido los temas que vamos a incluir, es fundamental soñar con ellos. Nada de límite de tiempo ni de presupuesto: ¡registraremos **TODOS nuestros deseos!**

2 Cuando hayamos terminado el tablero, es importante que lo coloquemos en un lugar de paso para **verlo lo más a menudo posible.**

3 **Visualizar cada tema con atención:** de esta forma, concretaremos en lo más profundo cómo queremos que las cosas ocurran. El cerebro no distingue entre pensamiento y realidad, ¡así crearemos nuestra propia realidad!

Esta herramienta será el reflejo de nuestros deseos más profundos. **No pasa nada si aún no sabemos cómo conseguirlos.** Registraremos todo lo que deseamos y comprobaremos cómo todo va encontrando su lugar en el momento que corresponda. El tablero de visualización asociado al pensamiento positivo permite activar la **ley de atracción,** según la cual atraeremos aquello en lo que centramos nuestra atención.

Como ayuda para crear el tablero de visualización, he definido cuatro pilares (a partir de los más frecuentes en mi consulta) que pueden servir como **inspiración de temas** (que luego cada uno podrá personalizar, ¡por supuesto!). He escogido términos que aporten el máximo posible de ejemplos, y también podemos usar **imágenes, citas** o **colores.** ¡Pongamos en marcha la imaginación y la creatividad!

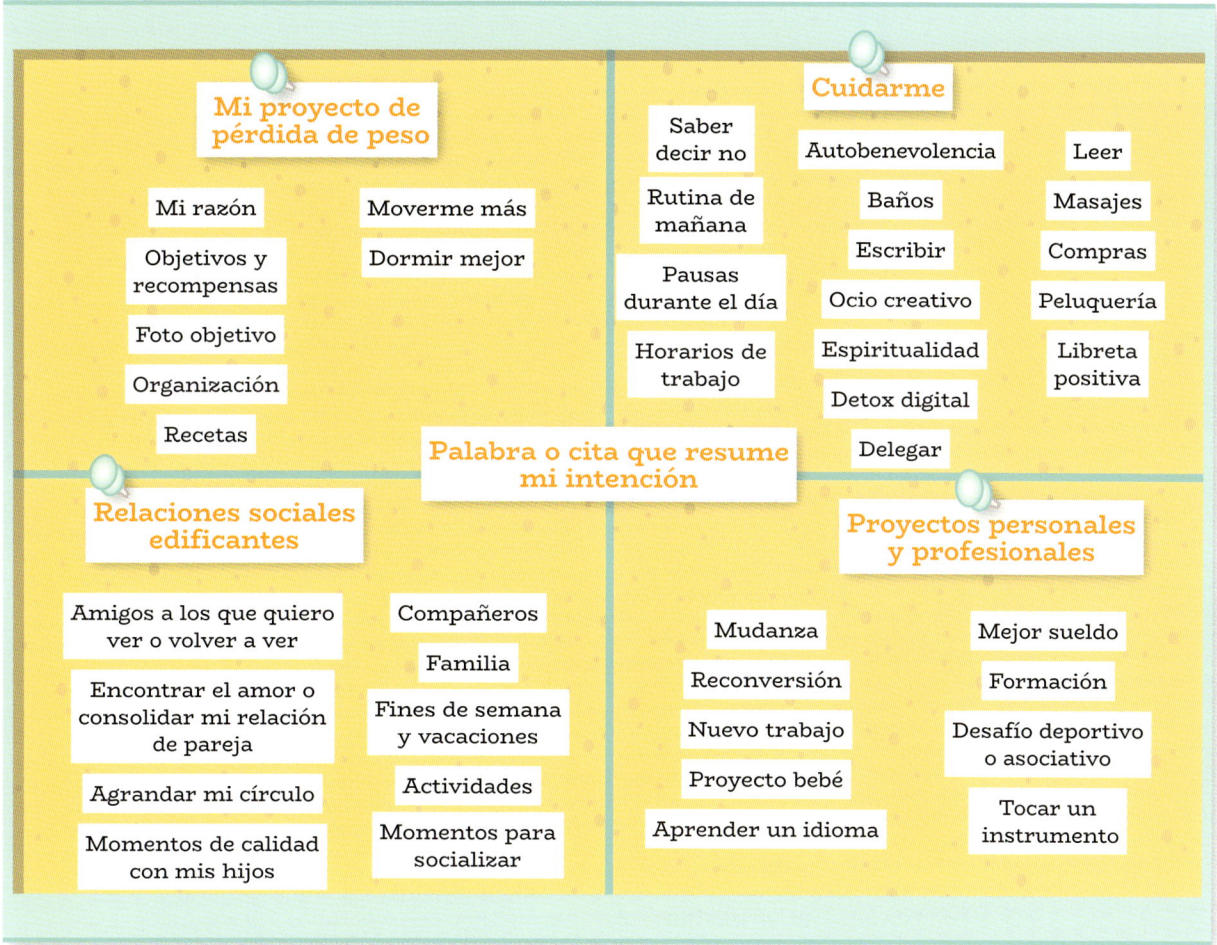

Mi proyecto de pérdida de peso

Mi razón
Moverme más
Objetivos y recompensas
Dormir mejor
Foto objetivo
Organización
Recetas

Cuidarme

Saber decir no
Autobenevolencia
Leer
Rutina de mañana
Baños
Masajes
Escribir
Compras
Pausas durante el día
Ocio creativo
Peluquería
Horarios de trabajo
Espiritualidad
Libreta positiva
Detox digital
Delegar

Palabra o cita que resume mi intención

Relaciones sociales edificantes

Amigos a los que quiero ver o volver a ver
Compañeros
Familia
Encontrar el amor o consolidar mi relación de pareja
Fines de semana y vacaciones
Agrandar mi círculo
Actividades
Momentos de calidad con mis hijos
Momentos para socializar

Proyectos personales y profesionales

Mudanza
Mejor sueldo
Reconversión
Formación
Nuevo trabajo
Desafío deportivo o asociativo
Proyecto bebé
Aprender un idioma
Tocar un instrumento

Proyecto de pérdida de peso

«Creía que podía hacerlo, así que lo hizo».

R. S. Grey

TUS RAZONES

Se trata de nuestra motivación más profunda. Para ponerle palabras, sugiero que nos hagamos la pregunta «¿por qué?» varias veces. Por ejemplo:

◊ ¿Por qué quiero adelgazar?
➤ Para mejorar mi salud.

◊ ¿Por qué quiero mejorar mi salud?
➤ Para sofocarme menos.

◊ ¿Por qué quiero sofocarme menos?
➤ Para pasar buenos ratos con mis hijos o con mis nietos.

¡Ahí está el «corazón» de la motivación!

A continuación, algunos ejemplos de respuestas obtenidas en mis consultas:

→ «Para dar buen ejemplo a mis hijos y que ellos también quieran estar a gusto con su cuerpo».

→ «Para que mis hijos estén orgullosos de mí».

→ «Para no ponerme enferma en el futuro o para curarme de mis enfermedades actuales».

→ «Para llevar ropa que me gusta».

→ «Para tener más energía y sentirme menos estresada o angustiada».

→ «Para tener una mejor imagen de mí misma».

→ «Para tener más confianza en mí».

→ «Para que mi marido adelgace». (De hecho, muchas mujeres me consultan incluso por sus parejas. ¡Y es buena idea! Si en casa comparten menú con IG bajo, el método funciona muy bien).

OBJETIVOS Y RECOMPENSAS

Los objetivos pueden ser cuantitativos o cualitativos.

Objetivos cuantitativos:

◊ Número de kilos.

◊ Pérdida en centímetros (contorno de cintura, muslos, brazos...).

◊ Cambiar de talla de ropa.

◊ Caber en una prenda determinada.

◊ Ganar un número de agujeros del cinturón.

◊ Eliminar ese o este michelín.

◊ Mejorar el resultado de la analítica de sangre (nivel de glucemia en ayuno, nivel de colesterol...).

Objetivos cualitativos:

◊ Mayor autobenevolencia.

◊ Dejarse llevar más.

◊ Menos comida emocional o antojos.

◊ Una salud mejor.

◊ Mejor estado de ánimo.

◊ Menos estrés.

Esta es mi visión de las cosas: en un proyecto de pérdida de peso, es importante saber adaptarse. Si no lo conseguimos a la primera, habrá que revisar los objetivos, y eso no es nada malo. Fijarse un objetivo nos ayuda a seguir el rumbo.

NOTA

Si queremos **perder un número importante de kilos,** recomiendo proceder por etapas y marcarse objetivos con una fecha de realización deseada.

En cuanto a las **recompensas,** las fijaremos junto a cada objetivo cuantitativo.

Zoom en... La báscula: ¿amiga o enemiga?

Algunas mujeres a las que acompaño se pesan hasta 15 veces al día, antes y después de comer e incluso después de haber ido al baño. **Si sentimos que la báscula se está convirtiendo en algo obsesivo,** recomiendo **cambiar de referencia** para medir la evolución: centímetros, agujeros del cinturón, talla de ropa...

Gracias a la psicología positiva y a la autobenevolencia que nos aportará, conseguiremos regular esta obsesión y **sentirnos más liberados.** Lo observo a diario con las mujeres a las que acompaño: una de ellas me envió un mensaje algunas semanas después de nuestra sesión para decirme que, por primera vez, había conseguido pasar un mes de vacaciones sin pesarse y que a la vuelta no había cogido ni un solo gramo. Para ella fue toda una victoria.

Recomiendo que nos pesemos una vez a la semana, el miércoles, ya que en el fin de semana podemos coger algo de peso. El lunes volvemos a la rutina y, por lo general, el miércoles todo ha vuelto a estabilizarse.

Si nos pesamos una vez a la semana, **pronto podremos rectificar** una ganancia de peso, si es que ha ocurrido. Así, evitaremos que los kilos se instalen, **ya que resulta más sencillo corregir que volver a empezar de nuevo.** Sin embargo, como cada persona es diferente, cada una adaptará esta regla si lo necesita. Si pesarnos todos los días nos motiva, ¡adelante!

¡HORA DE JUGAR!

Fijaremos diferentes etapas de nuestro objetivo

Objetivo	Fecha	Recompensa

FOTO OBJETIVO

Se trata de una foto que nos sirva de motivación. Por ejemplo:

→ Una foto nuestra de hace algunos años con la silueta que queremos recuperar.

→ Una foto de una mujer que nos inspira.

→ Una foto de la ropa que nos gustaría volver a ponernos.

→ Una foto de una prenda que nos gustaría comprar.

→ Una foto de la playa para motivarnos a recuperar la silueta en verano.

→ Cualquier otra foto: cada uno podrá elegir la que más le motive.

ORGANIZACIÓN

Clavar fotos o palabras que representen la manera en la que queremos organizarnos nos ayudará a pasar a la acción. Algunos ejemplos:

→ Una foto de batch cooking.

→ Una foto de la planificación del menú.

→ Un túper para la comida del mediodía.

RECETAS

Colocar fotos o nombres de recetas con IG bajo que nos gustaría preparar con regularidad.

MOVERSE MÁS

Podemos poner fotos del ejercicio físico que nos gustaría practicar.

DORMIR MEJOR

Colocar fotos o palabras que tengan que ver con:

→ La hora a la queremos irnos a la cama.

→ El aceite esencial de lavanda (que ayuda a conciliar el sueño).

→ Una libreta positiva para escribir las cosas positivas de nuestro día (ver pág. 143).

→ Un baño relajante.

→ Cualquier cosa que queramos hacer por la noche para dormir mejor.

Este pilar incluye todo lo que queremos hacer en el plano de nuestro proyecto de pérdida de peso. Recomiendo elegir objetivos muy precisos. Podremos reajustarlos a medida que vayamos avanzando, ya que un tablero de visualización está destinado a evolucionar.

Cuidarse

«Cuida tanto de tu cuerpo que tu alma tenga ganas de quedarse».

Proverbio indio

Se trata de **darnos prioridad** ahí donde normalmente se la damos a otros. Significa también concedernos tiempo y, a veces, decirnos que «ciertas obligaciones pueden esperar». ¡Es un pilar fundamental! En mis consultas, me he dado cuenta de que las mujeres que consiguen adelgazar con mayor facilidad son las que se dedican tiempo. Su cuerpo se siente más relajado y es más apto para reaccionar de manera positiva a un nuevo estilo de vida.

Cuando cuidamos de nosotros mismos, baja nuestro nivel de cortisol (hormona del estrés; ver también la pág. 27), lo que tiene un impacto positivo en nuestro proyecto de pérdida de peso. De hecho, cuanto más alto sea el nivel de cortisol, más facilidad para ganar peso. En mi consulta recibo a mujeres que han sufrido agotamiento o depresión. En estos casos, es necesario reconstruirse antes de emprender un proyecto de pérdida de peso: cuidarse es, por tanto, la primera etapa. A continuación, te propongo algunos ejemplos para cuidarte.

A DIARIO

→ Rutina de mañana: reservar 5 o 10 minutos para nosotros cada mañana.

→ Marcar pausas durante el día: ejercicio de coherencia cardiaca o simplemente un descanso para tomar un té o un café, por ejemplo. Podemos bloquear estos momentos en nuestra agenda profesional para que no nos molesten. Haremos lo mismo con la pausa para comer.

→ Ajustarse a los horarios de trabajo: evitar las horas extra que no sean necesarias para no agotarnos. Si estamos obligados a desplazarnos por trabajo, planearemos una jornada más tranquila a la vuelta.

→ Cultivar la autobenevolencia: orientar nuestra voz interior hacia un discurso benevolente[3].

→ Saber decir que no: es una manera de proteger el propio bienestar y la energía, no un comportamiento egoísta. Por ejemplo, podemos decir que no a compañeros que quieran darnos un proyecto extra si ya estamos hasta arriba de trabajo.

PUNTUALMENTE

→ Darse un baño o una sesión de bienestar.

→ Escribir como si le hablásemos a nuestra mejor amiga o amigo para tomar conciencia de nuestras emociones.

Las herramientas

- Ocio creativo: costura, punto, pintura o cualquier otra afición. Una actividad así nos sosiega y nos permite estar más en el momento presente.
- Desintoxicación digital: la exposición desmedida a las pantallas crea un estrés extra. Hacer una desintoxicación digital de vez en cuando nos permite volver a centrarnos.
- Delegar: compartir un poco de nuestra carga mental con nuestra pareja, confiar algunas tareas a un compañero... ¡Cuidarse también es dejarse ayudar!
- Leer: tomarse tiempo para reposar con un buen libro nos calmará mucho.
- Espiritualidad: los momentos de recogimiento invitan a la mirada con perspectiva y es otra forma de cuidarse.
- Masaje: podemos darnos un masaje o pedir a alguien que nos lo dé.
- Compras: una nueva prenda o accesorio nos hará sentir más guapos y más a gusto con nuestro cuerpo.
- Peinado o manicura: ¡no es imprescindible haber conseguido el objetivo para ponerse guapa!

UNA CITA CONTIGO MISMA

Muchas mujeres a las que acompaño tienen dificultad para cuidarse porque no tienen costumbre de hacerlo. Para empezar, propongo la «cita contigo misma»: una hora a la semana para estar con una misma.

Planificaremos este momento en la agenda como si fuera una consulta con el dentista (¡aunque mucho más divertida!). Pedir cita en la peluquería para hacernos la manicura o darnos un masaje nos permitirá acudir si no conseguimos dedicarnos ese tiempo de otra manera.

Esta cita con una misma también puede consistir en una hora de lectura o costura.

Relaciones sociales edificantes

> «La vida es un sueño, el amor es el sueño. Y habrás vivido si has amado».
>
> Alfred de Musset

En la psicología positiva las relaciones edificantes constituyen uno de los pilares del bienestar. Ver a gente que queremos, compartir buenos ratos, profundizar en la relación aporta más emociones positivas.

Investigadores de Harvard han llevado a cabo un estudio orientado a identificar los factores que producen felicidad. Se trata del estudio más amplio que se haya realizado jamás: empezó en 1938 y se ha desarrollado a lo largo de siete décadas. Se tomó como muestra un conjunto de 700 mujeres y hombres a los que se les hacían preguntas cada dos años y quienes a su vez tenían que aportar un formulario de salud. Los investigadores concluyeron que las personas que están más conectadas socialmente y que, por tanto, tienen relaciones sociales enriquecedoras son más felices y gozan de mejor salud. También viven más tiempo[4].

AMIGOS: VERLOS MÁS A MENUDO, ENRIQUECER LAS RELACIONES O EXPANDIR EL CÍRCULO

«Somos el resultado de las cinco personas a las que vemos más a menudo», nos dice Jim Rohn, famoso escritor, emprendedor y coach de desarrollo personal. Cuanto más tiempo pasemos con personas positivas que nos motiven, más energía positiva recibiremos. En nuestro tablero podemos poner el nombre de los amigos y amigas que queremos ver con mayor frecuencia o volver a ver, teniendo en cuenta a la gente con la que mejor nos sentimos.

Tener relaciones sociales enriquecedoras pasa primero por **cuidar de nuestras amistades.** Para ello podemos:

→ Pedir a nuestros amigos que nos cuenten cómo están, incluso a través de un mensaje, para mantener el vínculo.

→ Organizar momentos juntos para verlos sin esperar a que la iniciativa provenga de los demás.

→ Celebrar juntos las buenas noticias.

→ Agradecer a nuestros amigos y amigas lo que hacen por nosotros.

Para **ampliar el círculo,** hay varias actividades que pueden ayudarnos:

→ Formar parte de alguna asociación, comprometernos con la vida ciudadana de nuestra localidad.

→ Participar en grupos de Facebook sobre temas que nos gusten, donde contactaremos con personas con nuestros mismos intereses.

ENCONTRAR EL AMOR O REFORZAR NUESTRA RELACIÓN

Este tema también es muy importante en mis consultas y es normal, **ya que el amor es uno de los pilares más importantes de nuestra vida.** Constituye incluso, en mi opinión, el pilar principal. Si estamos buscando el amor, lo pondremos en el tablero. Al mismo tiempo, propongo un pequeño ejercicio (ver página siguiente) que puede ayudar a reflexionar. Se trata de hacer balance de lo que nuestras anteriores relaciones nos han enseñado antes de preparar «la lista de Papá Noel», como la he llamado. La idea es apuntar todo lo que buscamos en una pareja, incluso crear su retrato robot.

139

Lo que hemos aprendido de nuestras relaciones anteriores y ha hecho que nuestra búsqueda cambie:

· ....

· ....

· ....

· ....

· ....

Sus cualidades:

· ....

· ....

· ....

· ....

· ....

La lista de Papá Noel.

Sus valores:

· ....

· ....

· ....

· ....

· ....

Características físicas:

· ....

· ....

· ....

· ....

· ....

Dibujo o esbozo de su retrato:

Si ya tenemos pareja, quizá deseemos **reforzar aún más nuestra relación.** A continuación, te doy algunos ejemplos de propósitos que nos puede apetecer para alcanzar este objetivo:

◊ Fines de semana en pareja.

◊ Actividades en pareja, como ver una serie o una peli y charlar después, practicar un deporte o pasear, ir a ver un espectáculo o al cine, comer o cenar juntos en casa o fuera.

◊ Dedicar tiempo para charlar más allá de los temas del día a día, aunque sean 10 o 15 minutos al día: interesarse por el trabajo del otro, por lo que le apasiona, por sus lecturas y sus aficiones y, por supuesto, compartir las nuestras. Estos intercambios enriquecerán la relación.

◊ Mostrar apego: cumplidos, agradecimientos, pequeños regalos sin motivo aparente. También podemos enviar mensajes o notas cariñosas cuando no estamos juntos. Estas atenciones permiten mantener la llama gracias a una comunicación indulgente y nos evitan dejarnos llevar por las preocupaciones cotidianas (la lista de la compra, la hora a la que hay que ir a buscar a los niños...). Estas pequeñas cosas también impiden que caigamos en la rutina y que nos centremos en lo que no se ha hecho o en lo que «el otro ha hecho mal», según nosotros.

FAMILIA

Ya se trate de los padres, de los niños o del resto de la familia, anotaremos las actividades que nos gustaría hacer con ellos. También podemos decirles que nos gustaría verlos o los llamaremos más a menudo.

COMPAÑEROS

Si queremos reforzar los vínculos con algunos compañeros, anotaremos sus nombres. Si lo que queremos es iniciar una relación con alguno de ellos, lo anotaremos también.

SOCIALIZACIÓN

Anotaremos los momentos de socialización que nos gustaría cultivar: cenas, salidas, actividades...

VACACIONES Y FINES DE SEMANA

Escribiremos las ideas de vacaciones que tenemos o, si no las tenemos, los momentos del año en los que nos gustaría tener vacaciones.

LAS VIRTUDES DEL MENSAJE «DE REFUERZO»

Se trata de un mensaje que reforzará nuestras relaciones y que nos impulsará mucho. Escribiremos a nuestros seres queridos lo que más nos gusta de ellos. Para que el mensaje sea aún más potente, intentaremos ser lo más precisos posible: «tu bondad», «tu humanidad», «tu curiosidad», «tu perspicacia», mejor que «tu amabilidad» o «tu inteligencia», que son cumplidos más frecuentes. La persona que reciba el mensaje se conmoverá y seguro que responde. Enviar cumplidos y recibirlos reforzará nuestras relaciones y nos aportará muchas emociones positivas.

Las tres cosas que más me gustan de ti son:

- ...

- ...

- ...

¿Y a ti? ¿Cuáles son las tres cosas que más te gustan de mí?

Un beso.

Proyectos personales y profesionales

> *«Algunos quieren que ocurra. A otros les gustaría que ocurriera. Y los otros hacen que ocurra».*
>
> Michael Jordan

Tener proyectos hace que pensemos menos en la comida, ya que los proyectos alimentan el alma. Normalmente, la gente que come por compulsión siente un vacío en su vida que llena con comida. La acción conlleva acción, así que empezaremos con pequeños proyectos y veremos cómo los más grandes se irán añadiendo poco a poco.

MUDANZA

Precisaremos el lugar o la región a la que queremos mudarnos. Si no tenemos ninguna idea, buscaremos la imagen de la casa o del apartamento de nuestros sueños.

RECONVERSIÓN PROFESIONAL

Indicaremos el proyecto, aportando datos precisos, si ya estamos en esta fase, por ejemplo, un ámbito de actividad. También anotaremos lo que nos gustaría hacer en este nuevo puesto: viajar, conocer a gente de otros países, trabajar en ciertas operaciones... Si no tenemos ideas, escribiremos simplemente «reconversión profesional» ¡y la idea se irá abriendo camino!

TENER MÁS DINERO

Este tema también es muy recurrente en mis sesiones de coaching, ya que a veces, para hacer realidad nuestros sueños, necesitamos medios económicos. Para ganar más dinero, tenemos dos opciones:

◊ Gastar menos. A continuación, te doy algunas pistas para conseguirlo:

- → Ajustarse a un presupuesto.
- → Revisar los seguros, tarifa de teléfono y demás gastos fijos.
- → Adelgazar a largo plazo y seguir este método de manera rigurosa. Así, no tendremos que seguir invirtiendo en sesiones de coaching u otros programas, libros, complementos alimenticios ni cremas adelgazantes.

◊ Ganar más. A continuación, te propongo algunas ideas:

- → Vender ropa u objetos. Cuidado con el tiempo que le tenemos que dedicar: si poner estos artículos en venta nos quita tiempo para prepararnos entrevistas para un trabajo mejor remunerado, por ejemplo, quizá esta opción no sea la mejor.
- → Alquilar objetos que tenemos, como nuestro coche e incluso nuestra casa cuando no estamos.
- → Cambiar de trabajo y conseguir un sueldo mejor.
- → Tener una actividad extraprofesional, como la venta a domicilio.

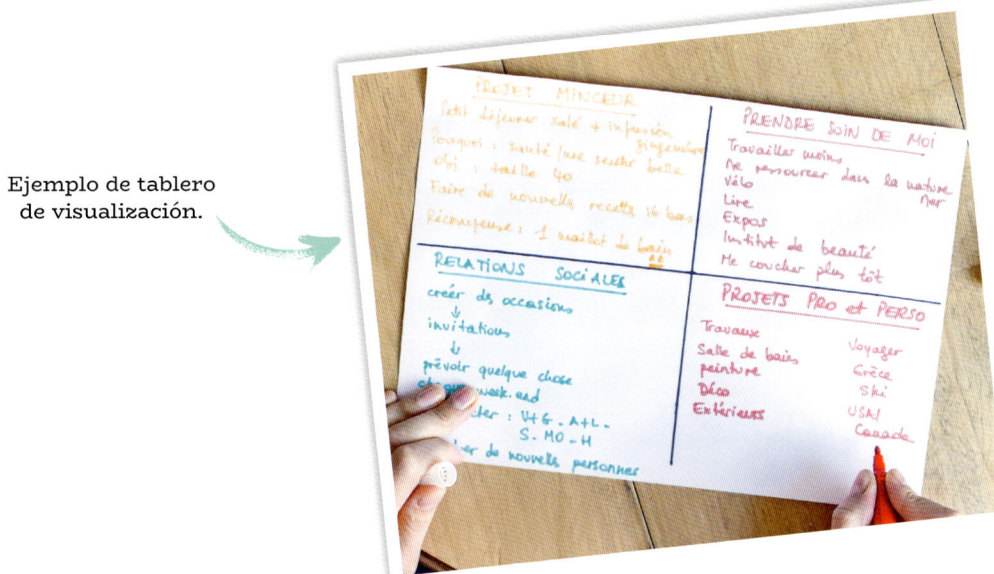

Ejemplo de tablero
de visualización.

APRENDIZAJES

A continuación, algunos ejemplos, entre los que se encuentran los más frecuentes: aprender un idioma, tocar un instrumento, formarse en un tema que nos apasiona, iniciarnos en una actividad manual (cerámica, pintura), practicar el desarrollo personal para conocerse mejor (talleres, formación, lecturas).

DESAFÍOS

Dos ejemplos muy frecuentes son el desafío deportivo (maratón, jugar al tenis) y el desafío asociativo (participar en una carrera solidaria por una causa que nos importa...).

En el centro del tablero de visualización, recomiendo escribir una palabra o una cita que resuma la intención global. De alguna manera, ¡la «palabra del año»!

La libreta positiva

Se trata de una herramienta de seguimiento muy eficaz. Tener esta libreta es una buena manera de seguir a diario lo que hemos anotado en el tablero de visualización en lo que se refiere a nuestro proyecto de pérdida de peso. Poner todo por escrito **permite releerlo si en algún momento nos quedamos sin motivación.** De este modo, podremos recordar todas las cosas positivas de los días anteriores. Fíjate en todo lo que podemos anotar.

◊ Lo que sentimos:
  → El clima del día: cómo nos sentimos interiormente.
  → Alimentación: todo lo que comemos, subrayando o rodeando en verde lo POSITIVO. También podemos anotar los pequeños triunfos del día, por ejemplo, en lo que se refiere a la alimentación:

- → Haber tomado un desayuno salado y proteico.
- → Haber comido más verduras de lo habitual.
- → Haber probado una nueva receta con IG bajo.
- → No haber entrado en la pastelería para comprar el pastel que nos había tentado.
- → Haber pasado el postre a la merienda.
- → Haber sabido disfrutar de algunas onzas de chocolate sin necesidad de comer media tableta.

◊ Ejercicio físico: podemos anotar todo lo que hacemos para movernos más. Por ejemplo:

- → Subir por las escaleras en vez de en el ascensor.
- → Paraste en la parada de metro o autobús anterior para terminar el trayecto a pie.
- → Aparcar un poco más lejos para andar más.
- → Haber hecho limpieza.

◊ Lo que hemos hecho durante el día para cuidarnos. Por ejemplo:

- → Un poco de coherencia cardiaca.
- → Haber respetado los horarios de trabajo.
- → Haber ido a la peluquería.
- → Haber tenido más pensamientos autobenevolentes.

◊ Lo que nos ha inspirado gratitud, es decir, las tres cosas positivas del día:

- → Un mensaje bonito que hemos recibido.
- → Un buen momento compartido con la familia o los amigos.
- → Una conversación agradable con los compañeros.
- → Un cumplido que hemos hecho o recibido.
- → Una sonrisa de un vecino o de alguien con quien nos hemos cruzado por la calle.
- → Un pequeño triunfo (haber resuelto una tarea que teníamos pendiente desde hacía tiempo: ordenar, actividad física, llamar a una amiga, dedicarnos tiempo...).

Si nos faltan ideas, podemos anotar tres cosas por las que nos sentimos agradecidos. Por ejemplo:

- → Tener un techo.
- → Tener buena salud.
- → Estar rodeados de nuestra familia.
- → Tener un trabajo.
- → Haber comido.

Entender que somos afortunados por tener cosas simples mientras que otras personas no las tienen nos ayuda a **relativizar los pequeños problemas del día** a día y, de esta manera, modificar el contenido de nuestros pensamientos.

Los estudios en psicología positiva han demostrado que la gratitud aporta muchos beneficios:

→ Más tiempo dedicado a una actividad física[5].

→ Mejor calidad del sueño[6].

→ Aumento del bienestar[7].

→ Mejor percepción del cuerpo[8].

A continuación, te propongo un ejemplo:

LO QUE SIENTO

El clima del día:

¿por qué me siento así?

ALIMENTACIÓN

Desayuno:

Comida:

Merienda:

Picoteo:

Cena:

Mis éxitos del día:

• .... • .... • ....

EJERCICIO FÍSICO

....

CUIDARME

....

COSAS POSITIVAS DE MI DÍA

....

TENGO SUERTE PORQUE...

....

El tarro de los logros

«¡Borrad lo gris de la vida e iluminad los colores que hay en vuestro interior!».

Pablo Picasso

El tarro de los logros es una herramienta muy fácil de hacer que nos ayudará mucho a tener más confianza en nosotros mismos. La idea es sencilla: se trata de escribir en pósits lo que nos enorgullece e ir guardándolos en un tarro. Si alguna vez tenemos un bajón, podremos leer todas las notas. Te recomiendo seguir el siguiente método:

Elaborar una lista de las cosas de las que nos sentimos orgullosos desde nuestro nacimiento

Por ejemplo:

- → Obtención de títulos o del carné de conducir.
- → Empleos logrados.
- → Los hijos.
- → Habernos casado o haber conocido a nuestra pareja.
- → Una compra inmobiliaria o la adquisición de un coche.
- → Adopción de un animal de compañía.

Esta será la base de nuestro tarro. En general, cuando conseguimos estos grandes logros, sentimos mucha alegría y bienestar. Hay que recordar las emociones que se producen en estos momentos y escribirlas en los pósits.

Anotar una lista de lo que nos hace sentir orgullosos en nuestro día a día

Se trata de pequeños logros que solemos ocultar cuando los pensamientos negativos toman las riendas. Sin embargo, estos pequeños éxitos nos permiten aumentar de manera significativa nuestro bienestar diario, ya que son mucho más frecuentes que los grandes triunfos. Por ejemplo:

→ Una receta que nos ha salido bien.

→ Una actividad física que hayamos realizado.

→ Un libro que hemos terminado.

→ Haber hecho una actividad creativa.

→ Una tarea de casa que hemos terminado.

→ Jardinería.

→ Un proyecto de trabajo entregado con puntualidad.

→ Una presentación que ha tenido éxito.

→ Tiempo que hemos dedicado a cuidarnos.

→ ¡La compra de este libro!

Cada día sacaremos un papelito del tarro para leer uno de nuestros logros

Revisar los grandes y pequeños logros nos motivará mucho. Recomiendo que cerremos los ojos durante unos minutos para visualizar los momentos contenidos en cada papelito. La idea es que podamos volver a sentir las emociones que nos embargaron en aquel momento. Esto también nos ayudará a recordar todas las cosas de las que nos sentimos orgullosos en vez de centrarnos en lo negativo.

3

Moverse más y dormir mejor

La actividad física y un sueño reparador son pilares fundamentales en mi método. ¿Por qué aparecen al final del libro? Simplemente porque en mis consultas he podido comprobar que las personas que se centran primero en el IG bajo para perder peso y en la psicología positiva obtienen mejores resultados.

MOVERSE MÁS

Idea preconcebida n.º 10: «La actividad física hace adelgazar, aunque comamos todo lo que queramos».

Al contrario de lo que podamos pensar, es imposible perder peso a largo plazo solo gracias al deporte. Si la alimentación es demasiado azucarada, el deporte intensivo nos ayudará a mantener la línea durante algún tiempo, pero no será suficiente, sobre todo a medida que vamos cumpliendo años. Por este motivo, mi método se centra primero en la alimentación con IG bajo para perder peso. Muchas mujeres a las que he acompañado, incluso en la menopausia, han conseguido adelgazar adaptando solo su alimentación. Eso no significa que moverse a diario sea poco importante. Las mujeres que ponen en práctica la alimentación con IG bajo para adelgazar junto con una actividad física regular obtienen resultados satisfactorios enseguida.

Hago la distinción entre moverse a diario y la práctica de un deporte. En un primer momento, si conseguimos adaptar nuestra alimentación y **estar activos todos los días,** obtendremos muy buenos resultados. Más adelante es fácil que encontraremos **una actividad deportiva que nos guste.** Normalmente, se recomienda practicar **30 minutos de deporte cada día.** Por supuesto, eso es lo ideal y tanto mejor si podemos hacerlo. Muchas mujeres a las que acompaño no pueden sacar esa media hora de sus agendas diarias. Puede que sea tu caso. Por este motivo, te propongo un **método más realista: de 10 a 15 minutos de actividad cada día y de vez en cuando una práctica deportiva que nos guste.**

Moverse a diario

Es importante moverse a diario para hacer que la linfa circule, cuyo papel es evacuar los desechos del organismo. Si eliminamos estos desechos, almacenaremos menos grasas y gozaremos de mejor salud. Muchas actividades cotidianas nos permiten movernos más:

→ Ordenar y hacer las tareas domésticas.
→ Subir siempre por las escaleras en lugar de utilizar el ascensor.

→ Hacer jardinería o tareas de bricolaje.

→ Pasear al perro.

→ Ir al trabajo en bici o a pie.

→ Caminar cuando estamos al teléfono en lugar de sentarnos o tumbarnos.

El objetivo aquí es **limitar al máximo el sedentarismo** y el tiempo que pasamos tumbados o sentados a lo largo del día. Elegiremos **una sola actividad** y la practicaremos de **10 a 15 minutos cada día.** Por supuesto, si tenemos más tiempo, alargaremos las sesiones, que tienen que ser diarias y pondrán más movimiento en nuestra vida.

Como ya he mencionado, me inspiro mucho de los principios del ayurveda, que recomienda una **actividad deportiva moderada** para no sobrecargar el cuerpo y evitar posibles roturas porque un exceso de actividad física es tan perjudicial como poca. Algunas mujeres a las que acompaño se lanzan al deporte de manera demasiado intensa y terminan por lesionarse. Se ven obligadas a tener que detenerse durante algún tiempo y después les resulta complicado volver a empezar. En cambio, las que empiezan despacio terminan encontrando su ritmo y lo mantienen a largo plazo.

La tabla siguiente permite entender mejor la diferencia entre una actividad deportiva intensa y una actividad moderada.

Actividad deportiva intensa	Actividad deportiva moderada
Transpiración muy abundante (frente, axilas, espalda y busto).	Transpiración moderada (frente y axilas).
Respiración difícil por la nariz, a veces imposible.	Respiración fácil por la nariz.
Gran sofoco.	Sin sofoco.
Necesidad de un día entre sesiones para recuperarse.	Posibilidad de practicar todos los días.
Ritmo cardiaco muy rápido (frecuencia cardiaca máxima).	Ritmo cardiaco solo algo acelerado (75 % de la frecuencia cardiaca máxima).

Las **actividades cotidianas** que más gustan a las mujeres a las que acompaño son las siguientes:

◊ **El paseo:** accesible a todo el mundo. Es el ejercicio que recomiendo al principio, ya que es fácil y perfecto para retomar la actividad física si no la practicamos desde hace muchos años. A continuación, te propongo algunos ejemplos para caminar más:

→ Salir con los compañeros después de comer para dar un breve paseo digestivo.

→ Bajarse una parada de metro o de bus anterior a la de nuestro destino para terminar el trayecto a pie.

→ Aparcar un poco más lejos de donde tenemos una cita.

→ Ir de compras a pie.

→ Dar un paseo con una amiga o un amigo.

El **paseo digestivo** es mi favorito: caminar entre 10 y 15 minutos después de comer o de cenar ayuda a digerir mejor y a activar la circulación linfática.

◊ **La bici clásica, la bicicleta estática o, para las articulaciones sensibles, la bicicleta elíptica.** En invierno, opto por actividades de interior. Me gusta mucho la bicicleta estática semitumbada, ya que, colocada de manera muy cómoda, se puede leer e incluso llamar por teléfono mientras se pedalea: ¡no nos daremos ni cuenta de que el tiempo pasa! Es una actividad perfecta para las mujeres embarazadas (yo la practiqué durante todo mi embarazo). La elíptica es también un aparato muy completo que nos permite trabajar con suavidad. La ventaja de estos aparatos es que podemos utilizarlos en cualquier circunstancia. La bicicleta clásica también es genial. Muchas mujeres a las que acompaño la utilizan para ir al trabajo: ¡es ideal!

◊ **El trampolín o la cuerda de saltar** (si no tenemos mucho sobrepeso). La mayor ventaja de estas dos actividades es que son muy eficaces: 10 minutos al día equivalen a correr durante 20 minutos. ¡Perfecto para las que no tienen mucho tiempo! Estas actividades están relacionadas con el entrenamiento cardiovascular, así que recomiendo hacerlas de manera progresiva y consultar con el médico antes de practicarlas si se duda de nuestra condición física.

Existen **minitrampolines** en las tiendas de deporte o de segunda mano en internet. Este aparato ocupa poco espacio y algunos modelos son plegables. También les encantará a los niños.

La **cuerda de saltar** es incluso más barata ¡y no ocupa espacio!

◊ **El fortalecimiento muscular:** accesible para todo el mundo. La ventaja de estos ejercicios es que los podemos hacer en casa: solo necesitamos una colchoneta. Recomiendo un programa de un ejercicio diario. En una semana, habremos musculado todas las partes del cuerpo. Los siguientes ejercicios han sido validados por la osteópata y monitora deportiva Laetitia Roussel. Elegiremos dos canciones que nos motiven para acompañar cada ejercicio: con ellas haremos nuestros 10 minutos diarios de ejercicio.

CINCO IDEAS DE CANCIONES QUE MOTIVAN

- *Unstoppable*, de Sia.
- *Don't stop me now*, de Queen.
- *Magic in the air*, de Magic System
- *I gotta feeling*, de The Black Eyed Peas.
- *Dancing Queen*, de ABBA.

LUNES
Abdominales

MARTES
Plancha

MIÉRCOLES
Lunch con salto

JUEVES
Estiramientos de espalda

VIERNES
Sentadillas

SÁBADO
Movimientos de brazos con botellas de agua de 50 cl

DOMINGO
Glúteos

INSTAURAR UNA COSTUMBRE REGULAR

¡La regularidad es la clave del éxito! Más vale moverse un poco todos los días que mucho de vez en cuando. Si integramos algunos ejercicios cotidianos en nuestra rutina, ¡lo habremos conseguido! Elegiremos una sola actividad al principio y fijaremos un momento del día para practicarla.

¡HORA DE JUGAR!

¿Qué actividad nos gustaría practicar durante 10 o 15 minutos diarios y en qué momento del día? Para responder a esta pregunta, podemos anotar las actividades que nos gustaría practicar y añadir al lado el momento en el que queremos hacerlo.

Primero, se trata de centrarnos en una sola actividad. Por supuesto, si la abandonamos, podemos cambiar de actividad.

Nota: la actividad física por la noche puede perturbar el sueño de algunas personas. Habrá que comprobar si ese es nuestro caso. Según el ayurveda, es preferible suspender la actividad deportiva durante la menstruación, tras el parto o en caso de inflamaciones importantes.

A continuación, te propongo ejemplos de actividades, así como el momento del día en el que practicarlas. Marcaremos una actividad y el momento del día que nos parece más apropiado para ejercitarnos.

Actividad

Ejercicios de estiramiento ○

Caminar ○

Bicicleta clásica o estática ○

Bicicleta elíptica ○

Ejercicios de refuerzo muscular ○

Saltar a la cuerda ○

Trampolín ○

Momento del día

○ Al levantarse

○ Durante la mañana

○ Después de comer

○ Al final de la tarde

○ Por la noche

○ Antes de dormir

Encontrar una actividad física que nos guste

Una vez que hemos adoptado el hábito de movernos a diario, podremos pensar en elegir nuestra «actividad deportiva placentera», ya que sin placer no hay perseverancia. Muy a menudo las mujeres a las que acompaño han practicado una actividad física placentera, pero la han abandonado después de haber recuperado peso. Pero una vez que retoman su proyecto de pérdida de peso y recuperan la energía, disfrutan mucho volviendo a practicar su actividad física preferida.

A continuación, te doy algunos ejemplos extraídos de mis consultas:

- Aquagym, aquabike
- Zumba
- Yoga
- Pilates
- Cinta estática para andar o correr

- Baile
- Tenis
- HIIT (entrenamiento fraccionado de alta intensidad)
- Natación
- Step

Practicar una actividad deportiva nos permite desarrollar la masa muscular y de esta manera mejorar el **metabolismo basal.**

EL METABOLISMO BASAL: ¿QUÉ ES?

El metabolismo basal corresponde al gasto calórico mínimo diario necesario para mantener el cuerpo con vida; en otras palabras, la cantidad de energía que el organismo necesita para asegurar sus funciones a través de los órganos principales (corazón, pulmones, cerebro, riñones, etc.). Este gasto de energía será mayor si practicamos una actividad física con regularidad: si la masa muscular aumenta, el cuerpo quemará más calorías en reposo para funcionar correctamente.

DEPORTE, METABOLISMO Y PESO: ¡PONGAMOS EN MARCHA EL CÍRCULO VIRTUOSO!

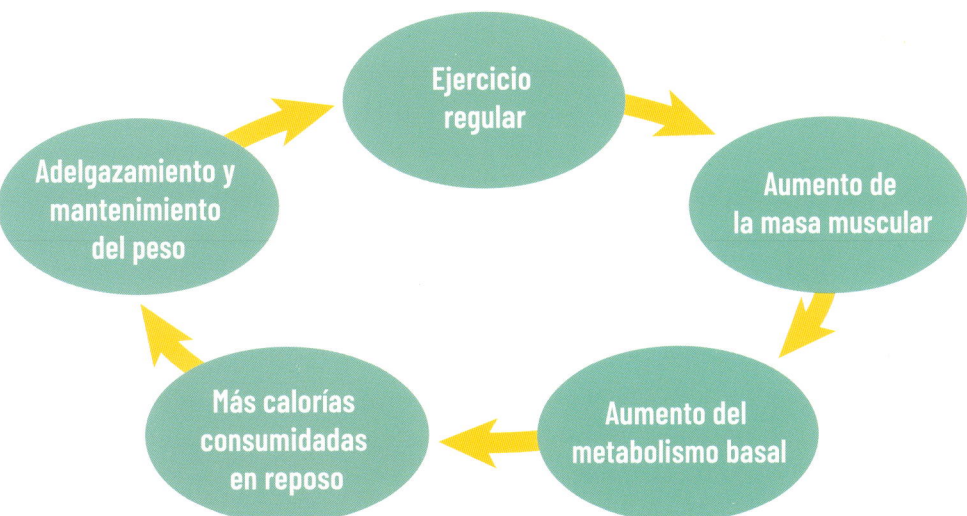

Zoom en...
Los vídeos de YouTube

Algunas mujeres a las que acompaño me confiesan que no se atreven a poner un pie en el gimnasio o a ir a la piscina **por miedo a la mirada de los demás.** Las clases de deporte en vídeo o en directo permiten asistir a una sesión desde casa. Muchos canales de YouTube proponen todo tipo de clases, desde estiramientos hasta fitness, pasando por el yoga o pilates. El truco para motivarnos es asistir a una clase virtual con alguien. Podemos proponer a una o varias amigas un «encuentro virtual»: ¡buen ambiente asegurado!

¿Cuáles son las tres actividades deportivas que más nos gustan o que más nos gustaban antes?

1.

2.

3.

EN RESUMEN

- Moverse 10 minutos al día ayudará a que la linfa circule y a eliminar las toxinas.

- Una vez que hayamos incluido el movimiento diario, podremos elegir una actividad deportiva placentera.

- Practicar una actividad deportiva con regularidad desarrollará la masa muscular y mejorará el metabolismo basal, lo que nos ayudará a adelgazar y a estabilizar el peso.

CONSEGUIR UN SUEÑO DE CALIDAD

Un sueño de calidad es imprescindible para alcanzar nuestro objetivo de pérdida de peso. Ayuda a que el organismo se regenere y facilita la pérdida de peso. **Pocas horas de sueño tienen varios efectos negativos:**

→ Más ganas de comer. El sueño favorece la producción de leptina, una hormona que regula el apetito y actúa sobre la sensación de saciedad.

→ Antojos de azúcar.

→ Más angustia y pensamientos negativos: tras pocas horas de sueño solemos ver el vaso medio vacío y centrarnos en lo negativo.

Gestionar el estrés cotidiano

El estrés es un fenómeno fisiológico que nos permite adaptarnos a algunas situaciones desestabilizadoras o a ciertas agresiones. Cuando es permanente o cuando los miedos son frecuentes y recurrentes, hablaremos de **ansiedad,** la consecuencia del estrés crónico. El estrés puede ser un motor, hacernos avanzar, mientras que la ansiedad es paralizante. **La clave consiste en quedarse con la parte positiva del estrés y evitar que la ansiedad tome las riendas.** Mi primer consejo es **cuidar nuestra energía a lo largo del día** para estar más tranquilos en el momento de ir a la cama. Nos daremos cuenta de que los días agitados están seguidos a menudo de noches menos reparadoras, lo que puede desencadenar un círculo vicioso...

SUEÑO Y ESTRÉS: ¡PONGAMOS EN MARCHA EL CÍRCULO VIRTUOSO!

1. Menos estrés durante el día
2. Mejor calidad de sueño
3. Menos estrés al día siguiente
4. Disminución del estrés crónico
5. Disminución de la angustia

¿Cómo disminuir el estrés?

Si adoptamos la alimentación con IG bajo para adelgazar, reduciremos el estrés de manera natural. De hecho, existe un vínculo entre el estrés y una alimentación demasiado rica en glúcidos. A continuación, algunos consejos interesantes para complementar la alimentación:

◊ **Marcar pequeñas pausas con regularidad.** Con el teletrabajo, las pequeñas pausas con los compañeros ya no se hacen. En mis consultas, muchas mujeres me confían que hacen sus jornadas seguidas, sin levantarse de la silla. Ya sea en el trabajo o en casa, hacer una pequeña pausa cada 90 minutos es imprescindible para reactivar la energía. En mi método, el postre pasa a la merienda: ¡la ocasión perfecta para hacer una pausa en mitad de la tarde!

◊ **Respirar mejor.** Una buena oxigenación del cerebro ayuda a disminuir el estrés. Normalmente, el estrés bloquea la respiración. Los tres ejercicios siguientes solo nos llevarán 5 minutos.

EJERCICIO 1

Nos colocamos con la cabeza hacia abajo y hacemos cinco inspiraciones y espiraciones.

EJERCICIO 2

La **coherencia cardiaca,** fácil de hacer, aporta relajación y calma profundas. El concepto es muy sencillo: se trata de aumentar la amplitud de la respiración. Si estamos empezando, recomiendo hacerlo con ayuda de un vídeo de YouTube; solo tendremos que seguir una bolita en la pantalla, inspirando cuando suba y espirando cuando baje.

EJERCICIO 3

El **pranayama** (que significa 'control de la respiración') es una disciplina que proviene del yoga. Haremos el siguiente ejercicio cinco veces.

1.
Colocamos el dedo corazón de la mano derecha entre los ojos. Con el dedo anular, tapamos el agujero izquierdo de la nariz e inspiramos por el agujero derecho.

2.
Con el dedo pulgar, tapamos el agujero derecho de la nariz y espiramos por el agujero izquierdo.

3.
Mantenemos el agujero derecho tapado e inspiramos por el agujero izquierdo.

4.
Tapamos el agujero izquierdo y espiramos por el agujero derecho.

◊ **Buscar la calma.** Si aumentamos la calma en nuestra vida cotidiana, conseguiremos reducir el estrés. El organismo segregará oxitocina, también conocida como «la hormona de la felicidad». Normalmente, las mujeres a las que acompaño me dicen que comen azúcar porque necesitan sentirse reconfortadas. Es muy frecuente usar la palabra «dulce» para hablar de alimentos azucarados. Pero podemos encontrar la dulzura más allá de la comida y obtener efectos más beneficiosos que el del azúcar.

Meditar

Tocar o escuchar
música suave

Calma en nuestra vida cotidiana

Abrazar a nuestros hijos
o a nuestra pareja

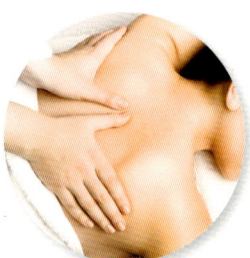

Recibir o darnos un masaje

Acariciar a nuestro
animal de compañía

Yoga, estiramientos o cualquier
otra actividad suave

◊ **Relativizar.** A veces, entramos en un bucle de algo que nos estresa, pero que no ocurrirá. Por ejemplo, cuando imaginamos que la salida del tren se anulará por culpa de una huelga y que tardaremos tres horas en llegar a casa del trabajo. Lo cierto es que no tenemos ninguna influencia sobre cosas como esta. Hagámonos una pregunta: «¿Puedo influir en lo que me estresa?». Nos ayudará a deshacernos de lo que no nos es útil y a relativizar. Me gusta mucho esta ilustración, que resume muy bien esta idea:

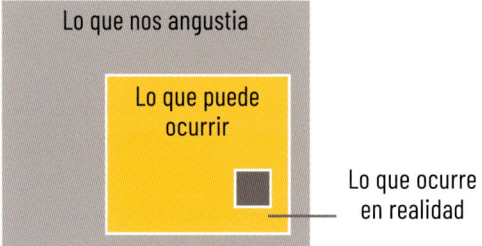

Si tomamos conciencia de nuestros miedos para desembarazarnos de ellos, podremos reducir el estrés o por lo menos evitar que aumente.

¡HORA DE JUGAR!

Muy a menudo, solemos dar vueltas a los miedos, lo que bloquea la pérdida de peso. Recomiendo que nos desprendamos de estos pensamientos de manera simbólica, escribiéndolos en un papel para quemarlo o romperlo. También aconsejo hacer el siguiente ejercicio de visualización, que será de gran ayuda para eliminar los miedos:

1. Elegiremos una música tranquila.

2. Cerraremos los ojos.

3. Nos imaginaremos que estamos escribiendo las emociones o acontecimientos negativos a los que estamos dando vueltas en un trozo de cartulina.

4. Imaginaremos que pegamos la cartulina en un globo de helio.

5. Visualizaremos de manera muy precisa el lugar en el que nos encontramos: por ejemplo, en una playa escuchando el sonido de las olas, sintiendo el sol sobre la piel, la temperatura cálida... Cuanto más preciso sea el lugar, más eficaz será el ejercicio.

6. Al final, nos visualizaremos lanzando el globo mientras hacemos tres respiraciones profundas.

7. Imaginaremos cómo se va volando y sentiremos la calma que nos produce.

Evitar añadir más estrés

PRESERVARSE

Enfermedades, guerras... Las noticias a veces son una fuente de ansiedad. Si somos de los que damos **vueltas a las imágenes** que vemos en las noticias o en algunos documentales, tendremos que deshacernos de ellas poco a poco e **intentar verlas menos.** Los canales de noticias 24 horas son particularmente ansiógenos y pueden generar mucho estrés en personas sensibles. Algunas **películas, series** e incluso **libros** pueden aumentar el estrés si somos sensibles. Si optamos por lecturas y películas positivas, estaremos más tranquilos. Si por la noche vemos una serie angustiosa o de esas que nos dejan sin aliento, la calidad de nuestro sueño se verá afectada.

Algunas **discusiones sobre temas comprometidos** pueden generar mucho estrés. También se verá resentida nuestra energía si nos dedicamos a criticar o a hablar de desgracias y catástrofes. En cambio, si nuestras conversaciones se orientan sobre todo hacia temas positivos, proyectos o logros, nos sentiremos mucho mejor.

Recomiendo que tomemos conciencia de los temas recurrentes en nuestras conversaciones y los marquemos a continuación. Después, podremos intentar orientar nuestras conversaciones hacia temas más positivos.

Conversaciones negativas	Conversaciones positivas
Miedo al futuro.	Logros, pequeñas alegrías.
Enfermedad y muerte.	Lo que nos hace reír.
Noticias, películas, series o libros dramáticos.	Los temas que nos apasionan.
Hablar de las desgracias de los demás imaginando que nos podría ocurrir lo mismo.	Los acontecimientos pasados que nos han aportado felicidad.
Quejarnos.	Nuestros proyectos.
Otro : ...	Otro : ...

Entre las personas con las que quedamos, algunas pueden tener tendencia a darle vueltas a lo negativo de manera recurrente, a criticar, a infravalorarnos o a quejarse. Estos vampiros absorben toda nuestra energía. Otros nos pedirán nuestra opinión o consejos que no siguen nunca. ¿Para que sirve entonces agotarse queriendo ayudarles? Por supuesto que es importante estar presentes para nuestra gente cercana cuando esté pasando por un mal momento. Pero hay que estar atentos, y si una relación solo nos aporta cosas negativas puede que tengamos **que tomar distancia** para proteger nuestra energía, sobre todo en épocas en las que nos sintamos más cansados.

«Alejaos de la gente negativa; tienen un problema para cada solución».

Albert Einstein

Zoom en... El magnesio

El magnesio interviene en el funcionamiento del sistema nervioso. También favorece un sueño de mayor calidad y calma la mente. Las necesidades de magnesio aumentan con nuestro modo de vida, que cada vez es más estresante y agitado. Como el estrés crónico agota muy deprisa nuestras reservas de magnesio, casi todo el mundo presenta grandes carencias. Si notamos que el estrés aumenta, no dudes en hacer una cura.

ALIGERAR LA CARGA MENTAL

A continuación, tres consejos:

1 **Haz una lista de prioridades.** De esta manera, las tendremos más claras en la cabeza. Todo lo que no esté en esa lista no podrá ocuparnos un tiempo que es muy valioso. El tablero de visualización (ver pág. 132) es muy útil a este respecto.

2 **Reserva tiempo para ti.** Como mínimo, una hora semanal (una cita contigo misma; ver pág. 138) y algunos minutos diarios (por ejemplo, escuchar música suave antes de dormir) para calmar la presión y evitar explotar de un día para otro.

3 **Simplifica lo cotidiano.** Una vez por semana estableceremos un plan general que contenga el menú de comidas, las tareas importantes que tenemos que hacer (labores de casa, papeleo, compras, diferentes citas, momentos para nosotros, la actividad física...).

	Lunes	Martes	Miércoles	Jueves	Viernes	Sábado	Domingo
Comida	Lomo de salmón, fondue de puerros y guacamole	Pollo con leche de coco y citronela	Chucrut del mar	Asado de ternera, puré de boniato y judías verdes	Escalope de pavo y verduras de verano	Parmentier de pato versionado	Calabacines rellenos a la boloñesa
Merienda	1 puñado de almendras*, 2 onzas de chocolate negro, 1 puñado de arándanos	1 yogur vegetal, 1 puñado de nueces de macadamia*, 2 onzas de chocolate negro	Mug cake con pepitas de chocolate	1 yogur vegetal, 1 puñado de anacardos*, 2 onzas de chocolate negro	1 puñado de almendras*, 2 onzas de chocolate negro, 1 pera	1 puñado de avellanas*, 2 onzas de chocolate negro, 1 kiwi	Delicias de crema con chocolate
Cena	Crepes de aguacate, cecina y rúcula	Terrina de cecina a la italiana	Pizza saludable con ensalada verde	Ensalada de salmón y palmito, crema de alcachofas	Quiche-crepe de salmón y espinacas con ensalada verde	Espaguetis de arroz integral a la boloñesa con ensalada verde	Tostas de aguacate con salmón ahumado y rúcula
Actividad física	15 minutos de paseo	15 minutos de paseo	15 minutos de paseo + zumba	15 minutos de paseo	15 minutos de paseo	15 minutos de paseo	15 minutos de paseo
Tareas que hacer	Papeleo	Cita en la peluquería	Tareas de casa	Tarde de cuidados	Planificación de menú	Compras	*Batch cooking*

*Ni saladas ni tostadas.

Una buena cena

La composición del plato de la cena que recomiendo es excelente para un sueño de calidad:

➤ **Féculas con IG bajo** que favorecen la conciliación del sueño, ya que ayudan a las células a asimilar mejor el triptófano (ver pág. 55), un aminoácido precursor de la melatonina («hormona del sueño»).

➤ Proteínas de **carne magra y pescado,** también ricas en triptófano.

➤ **Verduras,** por supuesto.

En cambio, algunos alimentos pueden perturbar el sueño: café, té, alcohol, chocolate, carne roja y charcutería, queso, platos especiados. Como cada organismo reacciona de manera diferente, podremos hacer pruebas. Tomar una infusión después de cenar favorece el sueño. Recomiendo la manzanilla y el roiboos. También hay mezclas de plantas muy eficaces, con muy buen sabor, en infusiones del tipo «Relax».

Tener una rutina de noche

La rutina de la noche es eficaz para muchas personas que tienen problemas para conciliar el sueño porque ayuda a situarse en las condiciones ideales para dormir bien. Mi rutina, que me lleva unos 30 minutos, es la siguiente:

→ Desmaquillaje y cepillado en seco del cuerpo (ver debajo).

→ 10 minutos de estiramientos o yoga con música suave.

→ Automasaje de pies y manos mientras pienso en las cosas positivas de mi día.

→ Pulverización de una bruma en la almohada (lavanda, flor de naranjo).

Otras ideas que también son eficaces: sesión de hipnosis o sofrología online, lectura, escritura.

Acostarse cada día a la misma hora también ayuda a conciliar el sueño. Lo ideal es irse a la cama antes de las once de la noche, ya que las horas de sueño antes de medianoche son más reparadoras. Podemos poner una alarma en el móvil hacia las diez y media para ir cogiendo el ritmo.

Zoom en...
El cepillado en seco

Recomendado por el ayurveda, el cepillado en seco del cuerpo es muy eficaz para la circulación linfática. De esta manera, ¡eliminaremos todas las toxinas! El cepillado se realiza desde abajo hacia arriba y desde las extremidades hacia el interior (ver el esquema de debajo); el objetivo es redirigir la linfa hacia los ganglios linfáticos. Utilizaremos un cepillo grande específico (ver foto), preferiblemente de fibras naturales con un mango largo, práctico para acceder a la espalda. El cepillado en seco es estupendo para conciliar el sueño.

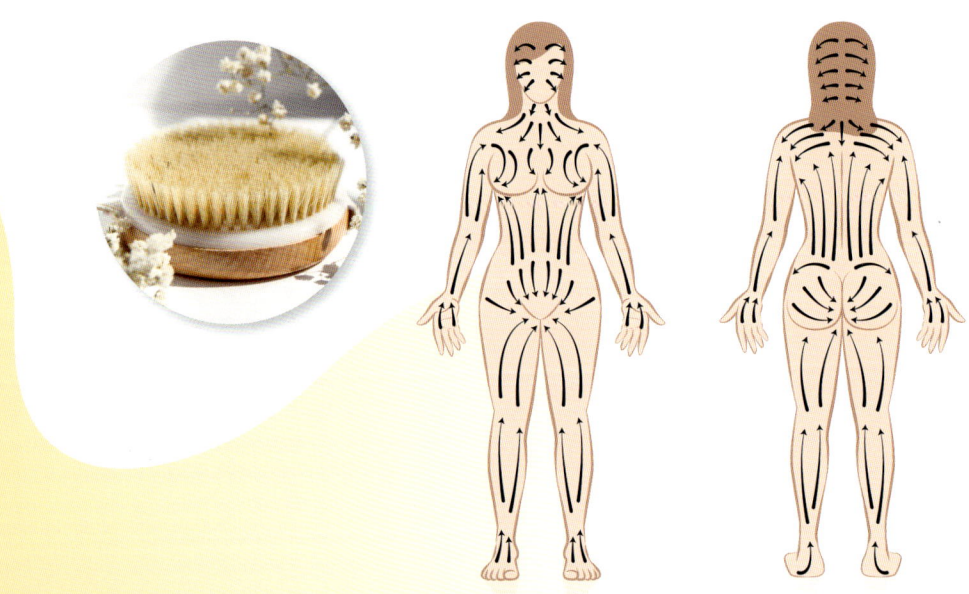

Los beneficios de la microsiesta

Algunas personas duermen poco por la noche por diferentes motivos: dificultad para quedarse dormidos, despertares nocturnos o tener que levantarse muy temprano para ir al trabajo. En estos casos, la microsiesta es muy buena opción.

Esta siesta, que no tiene que durar más de 20 minutos, tiene múltiples beneficios: reduce el estrés, mejora el humor, refuerza el sistema inmunitario. Todos estos factores son beneficiosos para nuestro proyecto de pérdida de peso. Si no podemos hacer microsiestas durante los días laborables, intentaremos sacar tiempo durante el fin de semana.

EN RESUMEN

- La noche depende en gran medida de cómo haya ido el día: si regulamos el estrés, conseguiremos dormir mejor.
- La cena tiene una gran influencia en la calidad del sueño.
- La rutina de noche ayuda a estar en buenas condiciones para conciliar el sueño.
- Las microsiestas son muy eficaces y ayudan a recuperar horas de sueño.

Conseguir un sueño de calidad

4

Pasar a la acción y no abandonar

CONVENCERSE DE CONSEGUIRLO

El cerebro no sabe diferenciar entre los pensamientos y la realidad. Tener una convicción fuerte es, por tanto, y según mi experiencia, la clave del éxito. Como ayuda, propongo varias herramientas y ejercicios válidos para el objetivo de pérdida de peso o para cualquier otro proyecto que queramos llevar a cabo.

La lista de los logros

Hacer una lista con los logros pasados, incluso si nada tienen que ver con el proyecto de pérdida de peso, nos ayudará a entender que en el fondo tenemos la determinación que necesitamos. **Si hemos tenido éxito en otros ámbitos, no hay motivo para pensar que no conseguiremos nuestro proyecto de adelgazamiento.**

Ejemplos de logros::

→ Exámenes con buenos resultados (carné de conducir, estudios, formación...).

→ Lograr la reconversión profesional.

→ Conseguir un puesto que queríamos o una subida de sueldo.

→ Superar un desafío profesional.

→ Dejar de fumar.

→ Tener un hijo después de muchos intentos.

→ Superar un desafío deportivo.

→ Comprar o alquilar la casa o el apartamento que queríamos.

→ Haber conocido a la persona de nuestros sueños o haber salvado nuestra pareja.

Nuestros tres mayores logros:

1.

2.

3.

Zoom en...
La historia de éxito

En su libro *La fierté d'être soi* (Leduc, 2017), Guy Missoum explica cómo tomar conciencia del propio potencial y construir una historia de éxito. Se trata de apoyarse en nuestro mayor logro personal o profesional para ser conscientes de nuestras fortalezas y, de esta manera, aumentar la confianza en nosotros mismos. Me doy cuenta de cómo muchas mujeres que logran su objetivo de pérdida de peso tienen mucha más confianza en sí mismas: ¡han construido una historia de éxito personal!

Cinco razones para convencerse (aún más)

1 Si ponemos en marcha este método es porque **hemos decidido cuidar nuestra salud emocional.** Se trata de un enfoque innovador en la pérdida de peso que funciona, ya que los «problemas» se solucionan desde la raíz.

2 A partir de ahora, **adoptaremos una alimentación placentera y saludable** para el resto de nuestra vida.

3 Emprenderemos o retomaremos un camino de desarrollo personal y **veremos la vida de una forma mucho más positiva.**

4 Nos centraremos menos en la comida, ya que **nuestra alimentación será también intelectual y emocional** (relaciones sociales edificantes, actividades que nos aportan bienestar, proyectos...).

5 **Nos concederemos tiempo y saborearemos cada pequeña victoria** sin presionarnos.

MOTIVARSE ENTRE VARIOS

Motivarse entre varias personas ayuda a lanzarse: la emulación colectiva es muy poderosa. Podemos, por ejemplo, unirnos a grupos de Facebook para compartir recetas o apoyo, o bien buscar motivación en la familia o los amigos. Una de las mujeres a las que acompañé creó un grupo de WhatsApp con sus cuñadas donde compartían recetas y trucos: ¡es muy buena idea!!

Las afirmaciones positivas

Las afirmaciones positivas o **mantras** son muy útiles para motivarse a diario. La idea es sencilla: se trata de repetir el mantra cinco veces en voz alta cada mañana. Recomiendo elegir uno de los tres mantras siguientes, copiarlo y pegarlo en un lugar donde podamos verlo cada mañana (en el espejo del baño, en el frigorífico, bajo la carcasa transparente del móvil, en el despacho o en la mesilla de noche).

| ¡No me rindo! | ¡Yo llevo el timón! | ¡Avanzo con confianza! |

Un estudio de psicología positiva ha demostrado que las personas que se repiten la afirmación «soy capaz de hacer y mantener elecciones de alimentos sanos» mejoran el humor y retoman el control de sus hábitos alimentarios[9].

Convencerse de conseguirlo

La visualización

«*Cuando tenía 10 años, gané Wimbledon la primera vez...
¡en mi cabeza!*».

André Agassi

Una vez creado el tablero de visualización (ver pág. 132), **representar el éxito de nuestros proyectos aumentará las posibilidades de conseguirlo.** A veces la gente no encara sus proyectos porque suele centrarse en los obstáculos que habrá que superar. Si hacemos lo contrario, es decir, imaginamos que se ha logrado, el proyecto se realizará con éxito.

Lo más importante de la visualización es **sentir las emociones** que experimentaremos cuando nuestras intenciones se materialicen, **como si ya hubiera ocurrido.** A menudo propongo a las mujeres a las que acompaño que **visualicen de manera muy precisa su futura silueta.** Para hacerlo, es importante:

→ Definir un contexto. Elegiremos un lugar que nos guste, como la orilla del mar, un paisaje en plena naturaleza, etc.
→ Imaginar el tiempo que hará ese día y los sonidos que escucharemos.
→ Imaginar también con detalle la ropa que llevaremos, su color, su tacto, y la sensación que sentiremos llevándola.

Podemos utilizar esta técnica para todos los proyectos que tenemos anotados en nuestro tablero de visualización. ¡Es muy poderosa y funciona de verdad!

Gracias a las visualizaciones positivas ¡creamos nuestra realidad!

EN RESUMEN

- Hacer una lista de éxitos ayuda a tomar conciencia de que somos capaces de lograr nuestro proyecto de pérdida de peso.
- Gracias a este método innovador, que nos ayuda en la gestión de las emociones, actuaremos sobre los desencadenantes de los impulsos emocionales.
- Los mantras son un muy buen método para convencernos a nosotros mismos.
- La visualización positiva ayudará a crear la realidad a partir de nuestras intenciones.

EMPEZAR HOY MISMO

«No hay que esperar. El momento ideal no existe».

Napoleon Hill

A partir de ahora todas las herramientas están a nuestro alcance. Concretar nuestros deseos y sueños solo depende de nosotros. Desde hoy mismo podemos empezar a poner las cosas en su sitio. Si esperamos, cada vez encontraremos más excusas para no hacerlo. De esta manera, nos arriesgamos a terminar olvidando todo lo que acabamos de leer. A continuación, te apunto algunos consejos para no aplazar nuestro propósito durante más tiempo:

1 Dejaremos este libro.

2 Nos vestiremos con ropa bien ajustada.

3 Nos colocaremos delante de un espejo (o le pediremos a alguien que nos haga una foto). Será la primera imagen de nuestra foto del antes y el después.

No procrastinemos: ¡es el momento de lanzarse!

ANTES   DESPUÉS

?

No abandones

Para no abandonar, habrá que **reactivar la motivación TODOS LOS DÍAS.** Poco a poco, nuestra motivación puede desvanecerse. Para mantenerla, a continuación compartiré contigo unos sencillos consejos.

La importancia de los pequeños pasos

Ya sea con un acompañamiento personalizado o en un programa en grupo, siempre recomiendo definir **un desafío semanal.** Es una manera excelente para centrarse en algo realizable. ¡Qué satisfacción cuando lo hemos conseguido al final de la semana! Normalmente, cuando nos lanzamos a un proyecto de pérdida de peso, el objetivo parece imposible de alcanzar, **pero si nos fijamos en cada pequeño paso que vamos dando y nos vamos felicitando por cada uno de ellos, mantendremos intacta nuestra motivación.**

Algunos ejemplos de desafíos semanales pueden ser caminar un cuarto de hora cada día, repetir cada mañana el mantra «No me rindo», tomar un desayuno salado cada día, beber el equivalente de una botella isotérmica de infusión de jengibre cada día, respetar los horarios de trabajo, tener una cita contigo misma.

El desafío del paquete de galletas

Este es el desafío de una mujer a la que acompañé. Vino a consultarme sobre todo para deshacerse de sus compulsiones alimentarias. Quería perder 30 kilos. Al cabo de un mes me dijo que ya había perdido 4,5 kg y que solo había tenido un antojo. Todo esto gracias a la psicología positiva, con la que se hizo desde el principio. Compartió conmigo su «desafío del paquete de galletas», que describe en el mensaje de al lado y que consiguió. Si ella pudo hacerlo, ¡nosotros también!

Cuando compraba un paquete de galletas, me lo comía de una vez. Así que era imposible comprar más porque en mi cabeza tenía que comérmelo inmediatamente. Era imposible guardarlo para otro momento.

Después, y esto es lo más tonto, dejé de pensar que era inconcebible comprar un paquete de galletas sin devorarlo. Hacía un montón de tiempo que no tenía galletas en el armario. Así que ¿por qué no hacer una prueba? Compré galletas (y de las buenas, ¿eh?) y me dije que, en vez de comérmelas todas, cogería una y guardaría el resto.

¡Funcionó! Bueno, confieso que algunos días comí dos o tres, ¡ja, ja, ja! Pero cambié lo imposible en posible porque, en realidad, soy la única que puede decidir qué es posible o imposible. Y decidí que era posible.

EL CONCEPTO DE EFECTO ACUMULADO

El efecto acumulado es una teoría que me gusta mucho. En su obra *L'effet cumulé* (Diateino, 2020), Darren Hardy lo explica en detalle. A continuación, expongo lo que me parece más importante de su tesis:

Modificación de pequeños hábitos + constancia en el tiempo

= beneficios a largo plazo

Si tomamos el ejemplo de una persona que ha decidido fumar un paquete de tabaco menos al mes (5,65 euros), ahorrará 67,8 euros al año, es decir, 678 euros en diez años. ¡Lo suficiente como para hacerse un buen regalo! El ejemplo del tabaco es muy elocuente, ya que se puede convertir en dinero ahorrado, que es algo muy concreto.

En cuanto a la pérdida de peso, es menos tangible, pero el efecto será parecido. Se trata de kilos perdidos y de beneficios sobre el bienestar y la salud. **Estos son algunos hábitos que podemos cambiar o eliminar:**

• No azucarar las bebidas calientes ni picotear durante la mañana.

• No beber más refrescos (ver «¿Qué bebidas tomar?», pág. 45).

• Incluir verduras en cada comida.

• Consumir féculas con IG bajo.

• Reemplazar los productos a base de leche de vaca por su versión vegetal.

• Sustituir la patata por boniato.

• Pasarse al chocolate negro.

Si modificamos solo uno de estos hábitos, observaremos beneficios a largo plazo. Una vez que lo hayamos conseguido, ya casi estará ganado porque iremos haciéndolo casi sin pensar. Sin embargo, cuidado: si retomamos un mal hábito, habrá que actuar deprisa para corregirlo.

Balance de lo positivo

Recibo a muchas mujeres que han tenido un proceso largo e irregular en la pérdida de peso. A menudo, se sienten desanimadas por todas las dietas que han seguido y que no han funcionado. Entonces les propongo hacer un «balance de lo positivo» de todo su proceso de pérdida de peso.

En cada experiencia hay cosas buenas con las que quedarse, pero muy a menudo las olvidamos y solo nos fijamos en el resultado. Por tanto, es importante dedicar tiempo a volver sobre cada experiencia y recordar su parte positiva. Por ejemplo, un ejercicio físico que nos haya venido bien, recetas o alimentos que nos gustan, lo que nos ha motivado, el bienestar que nos aportan los nuevos hábitos (más energía, menor dolor de vientre, menos hinchazón, etc.).

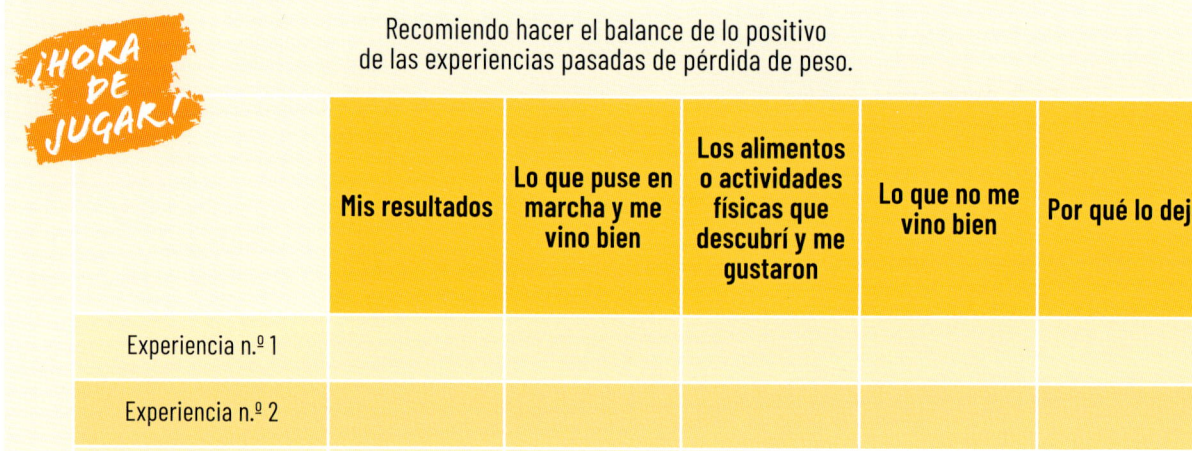

¡HORA DE JUGAR!

Recomiendo hacer el balance de lo positivo de las experiencias pasadas de pérdida de peso.

	Mis resultados	Lo que puse en marcha y me vino bien	Los alimentos o actividades físicas que descubrí y me gustaron	Lo que no me vino bien	Por qué lo dejé
Experiencia n.º 1					
Experiencia n.º 2					
Experiencia n.º 3					

Este balance de lo positivo nos permitirá **ver nuestro recorrido con otra perspectiva.** Probablemente tomemos conciencia de que ya llevamos mucho aprendido y de que estas experiencias nos servirán para poner en marcha este nuevo método. Es importante **hacer balance de lo positivo de manera regular** a lo largo de nuestro recorrido en este método para darnos cuenta de los pequeños pasos dados y mantener la motivación. A continuación te propongo que hagas:

→ Balance diario de las tres cosas más positivas del día.

→ Balance semanal, mensual o trimestral. Cada cual elegirá lo que más le guste y lo anotará en su agenda.

→ Balance anual.

Con esta fórmula podremos ver en qué ámbitos hemos avanzado y en cuáles tenemos que seguir trabajando. También podemos modificar los ítems de nuestro tablero de visualización en función de la evolución de nuestra vida. ¿Qué parámetros habría que considerar en lo que se refiere al proyecto de pérdida de peso?

→ El peso, centímetros perdidos, cómo nos sentimos con nuestra ropa.

→ Los demás beneficios: tránsito intestinal, energía, calidad del pelo y las uñas, humor, etc.

Haremos una foto del antes y el después que iremos actualizando a medida que vayamos avanzando en nuestro proyecto de pérdida de peso y que nos ayudará a visualizar el camino recorrido.

Zoom en...
La importancia de las recompensas

En cada pequeña etapa, recomiendo darnos una recompensa. Elegiremos algo que veamos todos los días, como una pulsera o un objeto de decoración: ese regalo nos recordará el logro y activará el «circuito de la recompensa» en nuestro cerebro. El cuerpo liberará entonces dopamina, una de las hormonas de la felicidad que favorece la motivación. De esta manera, tendremos ganas de superar el siguiente desafío para recibir otra recompensa.

La dopamina también se libera cuando ingerimos azúcar y nos dan ganas de seguir consumiéndola.

Saber encontrar la motivación

No sería sincera si dijera que todas las mujeres a las que he acompañado han perdido peso de manera duradera, sin ninguna vuelta atrás. Sin embargo, recomiendo huir de los métodos que prometen éxitos asegurados... Con mi método encontraremos **soluciones para volver a encontrar la motivación,** como después de las fiestas (Navidad, Semana Santa), en las que tendremos ganas de un poco más de azúcar que de costumbre, tras un momento difícil o durante un periodo de estrés. Te recuerdo que el azúcar es como una droga. Mi consejo para estos momentos es **volver a leer este libro, sobre todo las partes en las que pone «¡Hora de jugar!».**

Los procesos de pérdida de peso más frecuentes conllevan periodos donde se consume más azúcar. Entonces es importante retomar la rutina. **El punto fuerte de mi método es que quienes lo siguen logran motivarse cada vez con mayor rapidez gracias a la psicología positiva.** Ya no esperan a haber recuperado todos los kilos que habían perdido o incluso más para hacerlo. Para mí es un placer enorme cuando recibo mensajes como el de aquella adolescente a la que acompañé durante algo más de un año. Desde entonces, aunque recupere algunos kilos de vez en cuando por el estrés de los estudios, siempre consigue volver a motivarse. Gracias a la psicología positiva ha ganado confianza en muchos aspectos: se atreve mucho más y se siente mejor en su cuerpo.

EN RESUMEN

- Los pequeños pasos, gracias al efecto acumulado, nos permiten alcanzar nuestros objetivos: ¡no hay que pasarlos por alto!

- Los balances de lo positivo ayudarán a mantener la motivación a largo plazo.

- Releer este libro es una herramienta excelente para recuperar la motivación cuando sea necesario.

Empezar hoy mismo

LAS ETAPAS SEGÚN NUESTRO PERFIL

Quizá nos preguntemos: «¿Por dónde empiezo mi proyecto de pérdida de peso?». **Lo primero y fundamental es evaluar nuestro nivel de energía.** De hecho, si está bajo y empezamos a seguir todos los consejos de golpe, puede que nos agotemos enseguida y que terminemos abandonando. En ese caso, es mejor dedicar tiempo a ganar energía para abordar el proyecto de una forma mucho más sencilla.

En mi consulta he recibido a muchas mujeres al borde del agotamiento, y después de haberse cuidado han podido poner en práctica un programa más completo para alcanzar sus objetivos de pérdida de peso. En el caso de que nuestro nivel de energía sea alto, podremos aplicar cambios desde el principio.

A continuación, te propongo que evalúes tu nivel de energía para seguir el programa que te resulte más conveniente.

TEST: ¿CUÁL ES MI NIVEL DE ENERGÍA?

	A (a menudo)	B (a veces)	C (nunca)
Me siento estresada			
Me siento cansada			
Duermo mal por la noche			
Siento angustia			
Me siento hinchada			
Tengo reflujos ácidos			
Tengo dolores frecuentes			
No tengo tiempo para ver a mis amigos			
Me siento desbordada			
No tengo tiempo para mí			
Trabajo mucho			

RESULTADOS

- Mayoría de A: tienes perfil «Koala»
- Mayoría de B: tu perfil es «Gato»
- Mayoría de C: tienes perfil «Mariposa»

◊ PERFIL «KOALA»: ANTE TODO, DESCANSO

Nos sentimos cansados, puede que incluso estemos al borde del agotamiento. La carga mental es muy grande, dormimos mal o muy poco. La energía está bajo mínimos, hay tendencia al desánimo y a darle vueltas a lo negativo. Tenemos la impresión de que el cerebro está en ebullición constante. Comemos por ansiedad y compensamos el cansancio con comida normalmente azucarada. A menudo sucumbimos a los antojos. Solemos tener dolores inflamatorios y crónicos, así como problemas de digestión o reflujos ácidos.

No es el momento de presionarse más elaborando un plan deportivo demasiado cargado ni con un cambio radical en la alimentación: no disponemos de la energía suficiente. **La prioridad debe ser el descanso. A partir de ahora, es momento de cuidarse.**

Las etapas según nuestro perfil

◊ PERFIL «GATO»: DOSIFICAR LOS ESFUERZOS

Nos sentimos cansados, pero con algo de energía. Quizá hayamos salido de un estado de agotamiento o de una depresión y nos hemos dedicado tiempo para recuperarnos. O simplemente nos sentimos algo estresados. Hemos decidido cambiar de estilo de vida para adelgazar, para ganar energía y no caer en la extenuación. Normalmente tenemos pequeños problemas de salud, nada grave, pero que nos invitan a cambiar de modelo de vida, ¡y es lo que vamos a hacer! De esta manera, no caeremos en el agotamiento a largo plazo.

Haremos las cosas a nuestro ritmo, sin presión.

◊ PERFIL «MARIPOSA»: ¡ES EL MOMENTO DE SALIR VOLANDO!

¡Disponemos de la energía suficiente para un cambio radical! El nivel de energía está al máximo y la carga mental no es demasiado elevada. Estamos preparados mentalmente para ir hacia delante y cambiar de vida. **Podremos abordarlo todo al mismo tiempo.**

Ya tenemos el hábito de cuidarnos y no tenemos mucho estrés. Recomiendo, por supuesto, que sigamos así. A partir de ahora queremos alcanzar nuestras aspiraciones más profundas. De momento el peso físico y emocional nos impide volar con nuestras propias alas. Nos encaminaremos poco a poco hacia la autobenevolencia, hacia una mayor confianza en nosotros, y nos atreveremos a reafirmarnos y liberarnos de la mirada de los demás. Nos sentiremos más ligeros en muchos aspectos.

En cuanto pongamos en práctica este programa, nuestras alas se desplegarán poco a poco y nos convertiremos en una majestuosa mariposa.

Para avanzar a nuestro ritmo

A continuación puedes ver las diferentes etapas del programa paso a paso concebido en función de cada perfil.

Si tenemos un perfil «Koala», ganaremos energía poco a poco para pasar más tarde al perfil «Gato» y al final al perfil «Mariposa».

Si tenemos un perfil «Gato», nos convertiremos en «Mariposa» en cuanto empecemos a aplicar este programa.

Si tenemos un perfil «Mariposa», este programa nos permitirá alzar el vuelo con total ligereza.

	Perfil «Koala»	Perfil «Gato»	Perfil «Mariposa»
IG bajo para adelgazar	1. Adoptar el **desayuno salado y proteico.**		
	2. Introducir **la merienda,** la pausa placentera del día.		
	3. Modificar **pequeños hábitos** que pueden parecer insignificantes, pero que serán muy beneficiosos a largo plazo para activar el efecto acumulado (ver pág. 173). Por ejemplo: • Limitar o eliminar las bebidas azucaradas. • Reducir o suprimir el azúcar en las bebidas calientes. • Incluir más verduras en nuestras comidas. • Sustituir las féculas por féculas con IG bajo. • Reemplazar los productos a base de leche de vaca por bebidas vegetales o productos de leche de cabra o de oveja.		
		4. Ordenar **los armarios.**	
		5. Establecer una **planificación global** semanal o al menos un **plan de menú** (ver pp. 64 y 163).	
		6. Practicar el *batch cooking.*	
		7. Elegir una o dos **recetas con IG bajo para adelgazar** e introducirlas a menudo en la planificación. Ten en cuenta que cocinar una misma receta a menudo ayuda a hacerla propia y después resultará más sencillo prepararla.	
			8. **Cocinar más a menudo** con IG bajo para adelgazar.
			9. Buscar **más recetas** que nos ayuden a comer con **IG bajo de manera placentera.**

→

Perfil «Koala»	Perfil «Gato»	Perfil «Mariposa»
Psicología positiva		
1. Elegir **un mantra** y ponerlo en un lugar visible donde poder verlo varias veces al día.		
2. Tener **una cita con nosotros mismos** cada semana durante una hora para hacer algo que nos siente bien. **Durante la primera cita** estableceremos el **tablero de visualización** (ver pág. 132).		
3. Escribir en **la libreta positiva** (ver pág. 143). Por la noche, si tenemos menos energía, nos concentraremos en las tres cosas positivas del día o en aquellas por las que nos sentimos agradecidos.		
	4. Proponernos **un pequeño desafío** semanal.	
	5. Empezar a **visualizar** nuestros proyectos para darles forma en nuestra cabeza.	
		6. Crear nuestro **tarro de los logros,** que nos ayudará a mantener la motivación.
Moverse más y dormir mejor		
1. Cuidar **nuestra calidad del sueño** si no es satisfactoria (ver pág. 157) y **hacer microsiestas** si es necesario.		
2. **Moverse al menos 10 minutos** cada día (caminar o actividad física suave).		
	3. Probar diferentes actividades para encontrar nuestra **«actividad física placentera».**	
		4. Practicar de manera regular nuestra **«actividad física placentera».**

Dedicarnos el tiempo necesario

«Incluso el último de la carrera va delante del que no corre». La rapidez no va siempre de la mano de la durabilidad... Además, cada persona tiene un metabolismo diferente. Es importante dedicarnos tiempo.

A lo largo de nuestro proyecto de pérdida de peso tendremos periodos en los que perderemos más peso, pero siempre pasaremos por fases de estancamiento. Es normal: el cuerpo se adapta. De vez en cuando, una fase más estresante o emocionalmente más complicada puede bloquear la pérdida de peso. En esos momentos será muy importante ser muy autobenevolentes. Nos diremos que esta fase pasará: ¡después de la tormenta siempre llega la calma!

Historias motivadoras de éxito

Tengo el enorme placer de compartir estas historias de éxito de mujeres a las que he acompañado a través de mi programa de grupo IMPULSE o de manera individual. Algunos nombres se han modificado por cuestiones de confidencialidad. El objetivo de estos testimonios es la motivación: si otras personas lo han conseguido, ¡nosotros también lo lograremos! Si nos identificamos con una o varias de estas mujeres, si miramos sus fotos del antes y el después, podremos imaginar nuestra propia progresión en poco tiempo.

En mi cuenta de Instagram comparto de manera regular encuentros en directo con mujeres a las que acompaño y que tienen un recorrido de adelgazamiento muy inspirador.

EL ÉXITO DE LOS DEMÁS COMO INSPIRACIÓN

Identificarse con una mujer que haya alcanzado sus objetivos será de gran ayuda. Así, podemos pensar que si alguien que se nos parece lo ha conseguido, nosotros también lo lograremos. Si ya hemos hecho varios intentos, quizá creamos que no vale la pena intentarlo una vez más. Al contrario, ¡es muy positivo! Todas estas experiencias han supuesto un gran aprendizaje y, sobre todo, si has recurrido a este libro es señal de que eres tenaz: **¡no nos rendiremos! Podemos darnos la enhorabuena.** Las que han conseguido estabilizar su peso también han recorrido un camino con altibajos. Leer sus historias de éxito nos ayudará a avanzar más deprisa y nos situará en una dinámica de logro. Por cuestiones de confidencialidad, algunos nombres han sido modificados.

Stéphanie, – 14 kg, recuperada de una esteatosis hepática

Sthépanie quería perder peso ante todo por su salud. Tres años antes de acudir a mi consulta tuvo cita con el hepatólogo y el veredicto le cayó como una losa: tenía esteatosis hepática, más conocida como «hígado graso». Durante esos tres años no consiguió su objetivo de pérdida de peso. Más tarde tuvo una revelación.

Stéphanie es el ejemplo de la teoría de los pequeños pasos, sobre todo de los que tienen que ver con la alimentación. Muy golosa, le resultaba difícil desprenderse del azúcar. Pero poco a poco hizo suyas algunas de mis recetas: las crepes de trigo sarraceno que adereza de maneras diferentes y el pollo con leche de coco y citronela, que se ha convertido en su plato favorito. Junto con su cambio de alimentación, que se iba dando de manera paulatina, Stéphanie empezó a andar mucho: ¡10 000 pasos al día! Como nos contó en su testimonio difundido en mi cuenta de Instagram (también disponible en mi web), andar se convirtió en una necesidad para ella.

Sin prisa, pero sin pausa, Stéphanie:

◊ Ha perdido 14 kilos.

◊ Ha eliminado totalmente la esteatosis hepática.

◊ Ha modificado por completo su alimentación, que es con IG bajo prácticamente todo el tiempo.

◊ Ha conseguido gestionar mejor la angustia.

◊ Ha lanzado su cuenta de Instagram dedicada a la fotografía, su pasión (@soa_goodmoment).

Anne-Sophie, 32 kg, ya no se alimenta de sus emociones y su vida ha cambiado

Cuando la conocí, Anne-Sophie estaba a menudo sometida a las compulsiones alimentarias. Se alimentaba de sueños y de ganas por cambiar su vida, pero no se atrevía.

Muy pronto se hizo con la psicología positiva y el concepto de la ley de atracción. Consiguió convertir en fortaleza una historia personal muy dolorosa. Esta fuerza le aportó la voluntad para luchar, para no rendirse y para hacer realidad sus sueños. Y poco a poco se fueron cumpliendo:

◊ Ha perdido 32 kg.

◊ Casi no tiene compulsiones alimentarias.

◊ Lleva ropa que le gusta.

◊ Pronto empezará una formación para cambiar de profesión.

◊ Aprende a tocar el piano.

◊ Acaba de mudarse a una nueva casa.

◊ Ha terminado una relación que no le convenía y ha encontrado un nuevo amor.

Laure, 10 kg, un nuevo modo de vida a largo plazo

Laura tiene más de 50 años. Incluso con la menopausia ha conseguido perder 10 kilos muy deprisa. Cuando empezó con mi método, quiso ir hasta el final. Añadió la libreta positiva, que le permitió hacer un seguimiento muy preciso de su evolución. Se pesa a menudo, lo que le motiva más para seguir su trayectoria en caso de variación por encima o por debajo. Ha introducido muchas verduras en su alimentación y aún sigue descubriendo algunas (últimamente el boniato). Laure se toma su tiempo para merendar, lo que le evita el picoteo del final del día.

Desde que terminamos nuestro coaching, está encantada porque ya puede volver a jugar y a correr detrás de sus nietos. Hace poco sufrió un accidente y tuvo que permanecer en reposo mucho tiempo.

Me impresionó ver cómo mantuvo su motivación para seguir alimentándose bien y en cuanto pudo retomó su actividad física. Su curación se ha visto facilitada, por supuesto, por esta buena higiene vital que supo adoptar de manera definitiva.

En cuanto a su estado de ánimo, ¡Laure encarna la psicología positiva!

Isabelle, 26 kg, se acabaron las dietas con efecto yoyó

Isabelle encadenó dietas y efecto yoyó durante 20 años. Con su primera dieta perdió 20 kg... y recuperó 25.

La psicología positiva la transformó. Consiguió cuidar más de sí misma solo con concederse más momentos placenteros en el baño. También ha logrado que su voz interior sea más positiva.

El recorrido de Isabelle es el siguiente:

◊ 26 kg menos y estabilización vital a pesar de acontecimientos complicados en su vida.

◊ Más tiempo con sus amigas.

◊ Mayor calidad en sus momentos con su familia.

◊ Más tiempo para sí misma: sesiones de manicura, compras, paseos, etc.

◊ Menos culpabilidad.

◊ Mayor aceptación de su cuerpo; según sus propias palabras, se ve «bien».

◊ Una actitud más positiva en su vida cotidiana. Utiliza incluso la psicología positiva en su profesión como maestra: sus alumnos de primaria tienen mucha suerte.

◊ Bonitas salidas de su zona de confort, como la creación de su cuenta de Instagram (@emotions_et_kilos).

> «El año 2021, gracias a tu acompañamiento, pude conocerme mejor y tener más confianza en mí, aceptarme, perdonarme y perdonar a los demás, soltar, tomar conciencia de mi cuerpo, abandonar algunas ideas negativas y reformularlas en pensamientos positivos, liberarme de los pensamientos intrusivos que me hacían sufrir, cultivar mi desapego, creer en mí para forjar mi autoestima, determinar mis objetivos vitales, encontrar hábitos que me sostuvieran, fijarme metas, recompensarme... Aprendí mucho y desde entonces he seguido progresando. Cuento con seguir así e ir más lejos cada año».

Sandra, 5 kg, ha cumplido su sueño

Sandra vino a mi consulta cuando estaba en medio de un periodo de transición profesional: por entonces tenía un nivel alto de energía, ya que no trabajaba, así que los resultados llegaron muy pronto. A principios de junio, en menos de cuatro meses, había conseguido su objetivo de perder 5 kg. También cumplió su sueño: comprar una segunda residencia en el Algarve de Portugal. ¡Dos bonitos proyectos cumplidos!

Cinthia, 12 kg, aprendió a cuidar de sí misma

Cuando Cinthia, de 55 años, comenzó su coaching para adelgazar y de psicología positiva, estaba al borde del agotamiento. Haber asumido un puesto de responsabilidad seis meses antes le había generado mucho estrés. Y así había engordado 10 kg, estaba de los nervios, sufría dolor en las articulaciones y dormía mal.

En nuestras sesiones aprendió a dedicar más tiempo a su propio cuidado. Ahora cumple con su jornada laboral cuando antes solía hacer horas extras. Asiduamente va a la esteticista. Por las noches se dedica una pequeña rutina: tratamientos faciales y automasaje de pies y manos. Descansa mejor y comparte momentos de calidad con su familia.

Llegar hasta aquí le costó tres meses. Tres meses para recuperar la energía. Luego empezó a modificar sus hábitos alimentarios: de un día para otro dejó los refrescos *light* cuando hasta entonces acostumbraba a beber más de 1 litro al día. ¿Cómo lo hizo? No volvió a comprarlos, así de fácil. Luego volvió a practicar deporte: una sesión de 20 minutos seis días a la semana. Cinthia también asumió la psicología

«Hola, Isabel. ¡Qué felicidad a pesar de estar en el trabajo! Todas las tardes termino a las seis, como había planeado, y el miércoles salí a las 13,45 y fui a la esteticista y de compras.

Ayer viernes apagué el teléfono del trabajo un poco tarde, a las seis, y así se quedará hasta el lunes a las ocho de la mañana. Deporte: cinco veces a la semana.

Año nuevo, vida nueva, Cinthia nueva.

Espero seguir así. Buen fin de semana.

Cinthia».

positiva tanto para no alimentarse de sus emociones como en su trabajo como directiva.

Desde entonces Cinthia:

◊ Ha perdido 12 kg.

◊ Se cuida a diario.

◊ Tiene un sueño excelente.

◊ Ya no padece dolores.

◊ Se encuentra mucho más serena en el trabajo.

◊ Se toma tiempo para disfrutar de sus nietos.

De origen portugués, Sandra llevaba una alimentación muy rica en patatas y otras féculas. Enseguida adoptó un desayuno salado y fue transformando su alimentación poco a poco. Utilizó la libreta positiva muy a menudo. La completaba a diario y eso la ayudó mucho.

Algunos meses después de nuestro coaching, cuando se fue de vacaciones a Portugal, Sandra ya había automatizado muchas cosas, supo gestionar su alimentación y se movió a diario. Sin embargo, a

veces se daba el capricho de tomar algún aperitivo en la playa.

Resultado: a su vuelta solo había recuperado 700 gramos, que pudo perder después con mucha facilidad.

Nathalie, 5 kg, recuperar una bonita figura a pesar de la menopausia

Madre y jefa de empresa, Nathalie siempre había mantenido un peso estable, pero después de la menopausia perder volumen de su vientre se volvió muy difícil. Soñaba con volver a ponerse unos pantalones cortos verdes, una especie de «test de ropa», y esta idea se convirtió en su desafío.

Acompañé a Nathalie sobre todo en la mejora de su digestión. Adoptó una alimentación sin gluten y dedicó más tiempo a cocinar. Al mismo tiempo trabajamos sobre su estrés, su carga mental y la necesidad de dedicarse tiempo a sí misma.

A partir de entonces sale a caminar con regularidad. Sus proyectos definidos en su tablón de visualización avanzan a pasos agigantados y los beneficios de la psicología positiva alcanzan incluso a su hija adolescente.

Le surgen nuevas oportunidades profesionales, el círculo virtuoso de lo positivo se hace notar y ella vuelve a entrar en sus famosos pantalones cortos verdes.

La fortaleza de Nathalie es su determinación, un hermoso ejemplo para las mujeres que piensan que mantener el peso durante la menopausia es imposible. ¡Bravo, Nathalie!

Claire, ¡20 kilos perdidos con gusto!

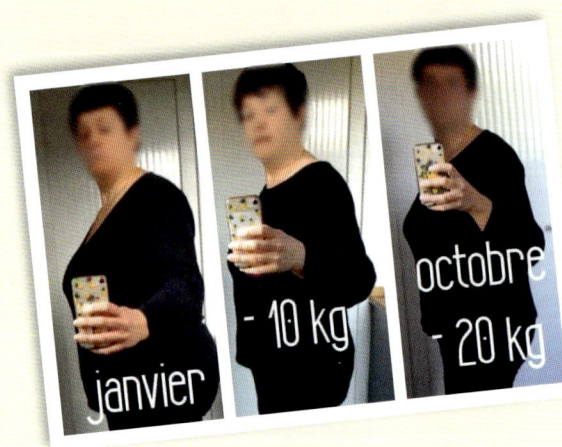

Claire estaba a dieta desde hacía muchos años y se dio cuenta de que se había trastocado su organismo. Vino a verme con el deseo de adoptar una alimentación que pudiera mantener a largo plazo y seguir con gusto.

Cuando se unió al programa IMPULSE (mi programa colectivo de *coaching* para adelgazar), Claire estaba preparada y muy pronto sintió el cambio. Empezó a cocinar nuevas recetas, a planear sus comidas y a poner en práctica el *batch cooking* para no caer en la tentación por las noches, cuando volvía muy cansada del trabajo. Muy golosa, reunió recetas dulces con IG bajo para poder seguir disfrutando de la repostería.

Chloé, 13 cm de contorno de cintura y más confianza en el futuro

Acompañé a Chloé durante año y medio. Entonces tenía 15 años. Durante ese tiempo perdió 13 centímetros de contorno en la cintura.

Muy pronto Chloé siguió mis consejos y adaptó su desayuno: los huevos por la mañana se convirtieron en un hábito que le sentó muy bien. Enseguida perdió los primeros kilos y empezó a sentirse mejor. Con el paso de los meses Chloé se fue transformando: no solo empezó a deshacerse de los kilos de más, sino que también comenzó a ocuparse más de sí misma (el pelo, la ropa). Se hizo con un nuevo aspecto, lo que le proporcionó confianza en sí misma.

También empezó a practicar deporte en sesiones diarias con vídeos. Su cuerpo empezó a definirse y muscularse, lo que le motivó mucho. En cuanto a la alimentación, decidió cocinar buenas recetas para ella y su familia, introdujo mucha más verdura en sus menús y se dio cuenta de que le gustaban. También encontró motivación en algunas de sus amigas que, como ella, querían modificar su estilo de vida.

En una segunda etapa realizamos un tablón de visualización con sus objetivos: el proyecto de adelgazamiento, por supuesto, y también su éxito escolar, la definición de su orientación formativa, el aprendizaje de piano y el canto. ¡Es que Chloé es una chica llena de talento! Terminó el curso con calificaciones excelentes. En cada consulta compartía sus pequeños triunfos conmigo. Gracias a la psicología positiva salía de las sesiones reforzada y motivada.

Al cabo de algunos meses estaba encantada de ver una versión de Chloé cada vez más confiada, deslumbrante, que se sentía bien con su cuerpo. Qué tiempo tan bien aprovechado el de trabajar en la propia confianza a los 15 años... Sus padres le hicieron un buen regalo cuando le propusieron seguir mi método. Su madre, que se implica mucho, la apoya en su proyecto y lo comentamos muy a menudo.

También creó su tablón de visualización y enseguida adoptó la filosofía positiva. Se felicitaba a sí misma en cuanto hacía algo nuevo en beneficio de su proyecto de pérdida de peso. Hizo realidad sus planes de viajar y hacer obras en su casa. Al final, empezó a practicar deporte varias veces por semana, e incluso se apuntó con un *coaching* para motivarse más y utiliza la aplicación Decathlon coach® para volver a correr.

Los resultados llegaron muy pronto: en 10 meses Claire perdió 20 kilos. Es todo un ejemplo de una tenacidad increíble. ¡Felicidades!

Conclusión

Una vez conocido mi método, ¡es hora de pasar a la práctica! Si por algún motivo aún no teníamos una motivación del 100 % para adoptarlo, te recuerdo los beneficios que sentiremos en cuanto lo probemos:

- → Desde los primeros días **nos sentiremos más deshinchados**.
- → Al cabo de unas dos semanas ya habremos terminado la **desintoxicación del azúcar** y las ganas de consumirla serán mucho menos frecuentes.
- → Habremos recuperado **energía** y tendremos **mejor calidad de sueño.**
- → Nos sentiremos **más positivos.**
- → Cuidaremos más de **nosotros mismos.**
- → Seremos mucho **más autobenevolentes.**
- → Tendremos ganas de **comenzar nuevos proyectos.**

Este método permitirá empezar o continuar el **camino del desarrollo personal.** La psicología positiva cambiará por completo la manera de ver la vida y el IG bajo para adelgazar transformará la relación con la alimentación. Realmente habrá un «antes» y un «después» y por nada del mundo querremos volver atrás.

Para seguir con este proyecto tan ilusionante te recomiendo algunas lecturas que me han inspirado mucho y que son complementarias de esta obra:

◊ ***Stop Azúcar*** (Libsa, 2023) y ***Je réussis ma détox sucre 2*** (Larousse, 2022), de Berengère Philippon, así como sus riquísimas recetas. Su cuenta de Instagram @0sucre_et_igbas es una verdadera mina de oro.

◊ ***La magia de pensar en grande*** (Taller del Éxito, 2017), de David J. Schwartz, ¡para motivarnos aún más!

◊ ***Le plaisir du sucre au risque de la prédiabète*** (Odile Jacob, 2013), mi libro favorito del doctor Réginald Allouche, el mayor especialista en hígado y en diabetes en Francia. Para aprender más sobre este tema, recomiendo sus brillantes intervenciones en el canal de YouTube del programa AVS («À votre santé») de la radio Beur FM.

◊ ***Découvrir la psychologie positive*** (Interéditions, 2018), de Charles Martin-Krumm, ¡muy completo y apasionante! Sus otras obras, ***Traité de la psychologie positive*** y ***Grand Manuel de la psychologie positive,*** son también excelentes, pero dirigidas a personas que quieren profundizar mucho más en el tema.

Puedes felicitarte por haber leído este libro: una nueva vida se te ofrece

Por favor, no dudes en ofrecer este libro a una amiga, a una compañera de trabajo, a tu madre, a tu hermana o a cualquier otra mujer para que pueda iniciar su proyecto de adelgazar al mismo tiempo que tú: ¡juntas somos más fuertes!

Para que puedas seguir tu iniciativa te invito a seguirme en redes sociales, como Instagram o Facebook. En ellas publico citas motivacionales y comparto recetas, consejos y testimonios.

No dudes en visitar mi web: www.isabelleminceur.com. Allí encontrarás muchas ideas para elaborar tus platos. También puedes suscribirte a mi boletín para obtener más consejos.

Notas bibliográficas

1. S. L. Peters *et al.,* Randomised clinical trial: gluten may cause depression in subjects with non-coeliac gluten sensitivity – an exploratory clinical study. *Alimentary Pharmacology and Therapeutics,* vol. 39, n.º 10, mayo de 2014, pp. 1104-1112.

2. P. L. Sunhary de Verville, L. Boyer y G. Fond, Microbiote et bien-être psychique. *En Grand Manuel de psychologie positive: fondements, théories et champs d'intervention* (dir. Charles Martin-Krumm y Cyril Tarquinio), Cap. 4. Dunod, 2021, p. 99-112.

3. K. Neff, L'autocompassion: accueillir sa souffrance avec bienveillance et gentilesse. *En Grand Manuel de psychologie positive: fondements, théories et champs d'intervention* (dir. Charles Martin-Krumm y Cyril Tarquinio), Cap. 9. Dunod, 2021, p. 184-195.

4. Robert Waldinger, *What makes a good life? Lessons from the longest study on happiness.* Conferencia TED 2016: https://www.ted.com/talks/robert_waldinger_what_makes_a_good_life_lessons_from_the_longest_study_on_happiness.

5. Émotions, exercice. En *Traité de psychologie positive: Fondements théoriques et implications pratiques* (dir. Charles Martin-Krumm y Cyril Tarquinio. De Boeck, 2011, pág. 505.

6. Traité de psychologie positive: Fondements théoriques et implications pratiques (dir. Charles Martin-Krumm y Cyril Tarquinio). De Boeck, 2011, pág. 523.

7. Ibídem.

8. *Traité de psychologie positive...*, *op.* cit., pág. 524.

9. *Traité de psychologie positive...*, *op.* cit., pág. 505.

Agradecimientos

Agradezco a las personas a las que he acompañado, a las que me siguen en Instagram y en mis redes sociales: gracias a todas vosotras ha sido posible publicar esta obra, ya que he podido inspirarme mucho en lo que hemos compartido y en vuestros caminos hacia la pérdida de peso. Cada encuentro ha sido para mí una fuente de alegría. Cada coaching y cada programa de grupo son sobre todo una hermosa aventura humana. Me siento muy afortunada por haber tenido la ocasión de conocer a tanta gente extraordinaria.

Gracias a mi marido por su apoyo incondicional y su amor tan benevolente que me sostiene en todo lo que emprendo.

Gracias también a mis padres por todo, y en particular a mi padre por haberme transmitido su tenacidad y a mi madre por haberme enseñado su gran sentido de la empatía.

También me acuerdo de mi familia y de mis amigos: me siento muy afortunada por teneros en mi vida. Cada uno a vuestra manera, ¡sois una fuente de inspiración para mí!

Gracias a todos los que he tenido la suerte de encontrar en mi camino, que me inspiran y me aconsejan desde el lanzamiento de «Isabelle Minceur»: Charles Martin-Krumm, que me ha hecho el honor de prologar este libro, Évelyne Chabrot y el doctor Réginald Allouche.

Gracias al doctor Audebert y a mi amiga Melinda: por ellos me atreví a lanzarme a la aventura de «Isabelle Minceur».

También me acuerdo de mis abuelos, esas cuatro estrellas en el cielo que, estoy segura, me guían desde el principio de esta hermosa aventura y en mis elecciones vitales.

Un agradecimiento caluroso a las amigas que han releído esta obra: Éléonore, Chloé y Anne-Laure, así como a Benoît por sus consejos tan acertados.

Gracias a mi amiga Bérengère, que me dio los datos del equipo de ediciones Larousse.

Finalmente, agradezco infinitamente a todo el equipo de ediciones Larousse. Emilie y Julie, que han confiado en mí para este proyecto, y también a Ewa, con quien he tenido la suerte de trabajar a diario: gracias por tu profesionalidad y tus aportaciones que tanto han enriquecido este libro. Gracias a Sophie y a Emmanuelle tenemos estas fotos maravillosas: gracias a las dos, tenéis mucho talento. Gracias también a Élise, lectora, por sus comentarios tan pertinentes, así como a Valentine y Alain, grafistas, que han embellecido esta obra. ¡Gracias a todos, estoy muy orgullosa de este libro!

Título original: *Járrête de manger mes émotions!*
© Larousse 2023
Dirección de la publicación: Isabelle Jeuge-Maynart et Ghislaine Stora
Dirección editorial: Émilie Franc et Julie Martin
Dirección artística: Géraldine Lamy
Edición: Ewa Lochet
Diseño gráfico y portada: Valentine Antenni

© 2024, Editorial LIBSA
C/ Puerto de Navacerrada, 88
28935 Móstoles, Madrid
Tel. (34) 916572580
e-mail: libsa@libsa.es
www.libsa.es

ISBN : 978-84-662-4377-3

Derechos exclusivos de edición para
todos los países de habla española.

Traducción: Samara Ibarra Bernal
Maquetación: Javier García Pastor

D.L.: M-35429-2023

Créditos fotográficos

Sophie Dumont (estilismo Emmanuelle Levesque): páginas 9, 43, 44 (d), 53, 58, 59, 64, 73, 74, 77, 78, 81, 82, 85, 86, 89, 90, 93, 94, 97, 98, 101, 102, 105, 106, 109, 110, 113, 125, 134, 137, 139, 143, 153, 158 ;

© **Shutterstock** : páginas 26, 34, 35, 44 (g), 49, 50, 51, 52, 56, 60, 61, 62, 67, 68, 70, 72, 75, 76, 79, 80, 83, 84, 87, 88, 91, 92, 95, 96, 99, 100, 103, 104, 107, 108, 111, 112, 131, 146, 152, 159, 162, 164, 172, 177, 178 ;

Isabelle Veverka : páginas 13, 14, 20, 127 ;

DR : páginas 182, 183, 184, 185, 186, 187.

Ilustraciones
© **Shutterstock** excepto página 36 (superior): **Frédéric Manlay**